Klaus Bernath
Suchwanderungen

Klaus Bernath, geboren am 18.07.1935 in Berlin,
weit gespannte Interessen, in der Philosophie: Thomas von Aquin bis
Martin Heidegger; in der Literatur: Ernst Jünger und Arno Schmidt; in der
Psychologie: C. G. Jung und seine Schule, besonders Erich Neumann und
M.-L. v. Franz. Früher ausgedehnte Reisen: vom Polarkreis bis südlich des
Atlas, Spanien, Nordafrika, Orient. Längerer Aufenthalt in Südamerika,
dort auch Lehrtätigkeit. Jetzt zur Ruhe gekommen auf einem Dorf in
Schleswig-Holstein. Kein Fernsehen, kein Internet.
Entdeckungsreisen nur noch in der Welt der Bücher:
„Liber librum aperit." – Ein Buch öffnet ein anderes Buch.

Klaus Bernath

Suchwanderungen

opus magnum

Bibliografische Information der Deutschen Nationalbibliothek
Die Deutsche Nationalbibliothek verzeichnet diese Publikation in der
Deutschen Nationalbibliografie; detaillierte bibliografische Daten sind
im Internet über http: //dnb.d-nb.de abrufbar

© 2017 by opus magnum, Stuttgart (www.opus-magnum.de)
Erstauflage, Version 1.01
Umschlaggestaltung, Grafik und Layout: Dr. Lutz Müller
Umschlaggrafik unter Einbezug einer eines Gemäldes von John Waterhouse
Die Abbildungen stammen aus lizenzfreien Quellen
Herstellung: BOD – Books on Demand GmbH., Norderstedt
Alle Rechte vorbehalten
ISBN 13: 978-3-95612-012-1

Inhalt

Vorwort

Herrn Dr. Klaus Bernath lernten wir 1984 in Berlin kennen. Sein Freund Arvid Erlenmeyer hatte ihn für unsere Themen interessiert. Herr Dr. Bernath machte uns mit Texten zur Seele vertraut – von den Anfängen der Philosophie bis in die Gegenwart.

Als ich 1987 nach Stuttgart übersiedelte, äußerte Herr Dr. Bernath, dass er auch gerne in Stuttgart solche Seminare anbieten wolle. Es vergingen einige Jahre bis ich neben der Arbeit in der Sonnenberg-Klinik Zeit und Raum anbieten konnte. So lud ich Herrn Dr. Bernath ein, für die Eröffnung meiner Praxis in Aichtal den Eröffnungsvortrag zu halten. Ein Thema sollte ich ihm geben: „Suchwanderung" – fiel mir ein, ein Begriff aus der Märchenliteratur. Ein Begriff, der auch zu meinem Leben passt.

Am 26.6, 1993 hielt er den Vortrag: "Das Grau der Karolinen", der die anwesenden Kollegen und Freunde sehr beeindruckte. Daraus entwickelte sich ein Arbeitskreis, der sich zwei Mal im Jahr trifft: im Frühjahr und Herbst. Viele Suchwanderungs-Geschichten, wie z.B. die Odyssee lasen und besprachen wir unter seiner Anleitung. Auch der philosophische Hintergrund von C. G. Jung wurde Thema. Manchmal wünschen wir uns etwas, dann wieder machte Herr Dr. Bernath einen Vorschlag.

Wir versammelten uns um 18.00 Uhr am Freitag, hörten seinen Vortrag und entwickelten dann eine stundenlange Diskussion, die ich meistens mit einem Aufruf zum Essen unterbrechen musste! Die Themen belebten uns, und die Vorfreude aufs nächste Mal war der Motor, sich auch zu treffen, wenn er aus Gesundheitsgründen mal absagen musste. Die Gemeinschaft von 10-14 Personen, die daraus entstand, blieb lebendig.

Es ist mir eine große Freude, diese Zeilen einer Auswahl seiner Texte voranzusetzen und ihm zu danken für die vielen Anregungen aus der Fülle seines Wissens.

Rosemarie Ahlert
Fachärztin für psychotherapeutische Medizin, Psychoanalyse,
Lehranalytikerin und Supervisorin C. G. Jung-Institut Stuttgart

Klaus Modick
Das Grau der Karolinen

Im März 1986 erschien im Hamburger Rowohlt Verlag ein Roman von 445 Seiten von dem 1951 in Oldenburg geborenen Autor Klaus Modick. Der Titel: „Das Grau der Karolinen". Das ungemein dicht geschriebene Werk lässt mehrere Lesemodelle zu. Man kann es als einen Traktat zur Farbenlehre lesen, als eine Abhandlung über Meteorologie, als einen Abriss von etwas mehr als einem Jahrhundert deutscher Geschichte, nämlich von der Reichsgründung im Jahre 1871 bis zur Mitte der achtziger Jahre, als noch nichts auf die erneute Vereinigung des Landes hindeutete, oder als ein Buch über vier Kriege: den von 1870 / 71, der zur Reichseinigung geführt hat, den ersten und zweiten Weltkrieg sowie den zur Zeit seiner Entstehung noch durchaus als bevorstehend, zumindest drohend zu denkenden vierten und letzten Krieg, den großen Atomkrieg der Mächte, der allen anderen wie den Kriegsgegnern den endgültigen Untergang bringen würde. Man kann das Buch aber auch als den Bericht über eine SUCHWANDERUNG lesen, und darüber möchte ich heute zu Ihnen sprechen.

Ich werde dabei nur einen Faden aus dem dichten Gewebe herausziehen und verfolgen, wie es das mir gestellte Thema erfordert, und ich nehme dabei in Kauf, dass vieles andere, das auch erörternswert wäre, dabei nicht zur Sprache kommen kann. Mancher von Ihnen hat das Buch vielleicht damals gelesen, denn für eine kurze Zeit stand es im Licht der öffentlichen Aufmerksamkeit.

Die großen Zeitungen brachten ausführliche Besprechungen; durch eine solche bin ich darauf aufmerksam geworden. Alles deutete darauf hin, dass dem jungen Autor ein ganz großer Wurf gelungen wäre, und dass er sich damit einen Platz in der neueren Literatur erschrieben hätte, der ihm weiterhin Beachtung sichert – aber es hat nicht den Anschein, als ob seine große Arbeit vieler Jahre auch die rechte Anerkennung gefunden hätte. Es ging damit, wie mit so vielen Neuerscheinungen: zuerst gibt es viel Lärm, bald wird die erste, gebundene, Ausgabe ausverkauft. Dann wird noch eine Taschenbuchausgabe gemacht – die ist zur Zeit noch im Handel -, bis auch deren Reste in den Ramsch kommen. Das steht noch bevor, und so ergeht es vielen neuen Büchern; aber bedauerlich ist es doch.

Eigentlich sollte auch die geraffte Nacherzählung mit dem Anfang beginnen: wie der Held des Buches, der junge Werbegraphiker Michael Jessen aus Hamburg, an einem heißen Sommertag ein Bad in der Ostsee nimmt und danach mit seinem teuren Gefährt in die Großstadt zurückkehrt, wobei er die anerkennenden Blicke auf seinen fahrenden Untersatz durchaus befriedigt zur Kenntnis nimmt. Er ist eben ein in seinem Beruf erfolgreicher Hahn, und er genießt diesen Erfolg und seinen finanziellen Niederschlag. Aber ich muss immer wieder etwas überschlagen und komme darum gleich zur Hauptsache und dem Zentrum dieses Buches: einem Bild, das Jessen im Fenster eines Antiquitätengeschäftes sieht, und das ihn beschäftigt: „[…] ein Ölgemälde in einem ausladenden Goldrahmen. Es zeigte zwei rote Flugzeuge [...]" (23).

Dieser kurze Eindruck klebt fest in seinem Gedächtnis und stört ihn sogar noch bei seiner nächsten Auftragsarbeit: „Etwas hatte sich in ihm eingenistet. Bohrte, rumorte ... ‚Möchte doch wissen' murmelte er vor sich hin. Was er wissen wollte, wusste er aber nicht"(34).

Der graue Hintergrund des Bildes veranlasst ihn zu langen Betrachtungen über die Farbe Grau, die eigentlich keine Farbe ist: „Grau war das Vergangene, das Alter [...]. Aber in Grau war nicht nur das Weiß als Gegenkraft, in Grau waren alle Farben" (58). Das Bild lässt ihn nicht los, und so beschließt er, es zu kaufen. „Gab es etwas Einfacheres, als Dinge zu kaufen?" (59). Im Laden reagiert der Händler sehr seltsam, als er fragt, wer das Bild gemalt habe: „Keine Ahnung. Signiert ist es mit C. W. 1924. Ich habe nie herausfinden können, wer dahinter steckt [...] es ist ja auch ein schlechtes Bild. Billige Amateurarbeit. Grauenhaft [...]" (61). Als Preis fordert er dreihundert Mark, gibt es aber sofort her, als Jessen hundertfünfzig bietet; ein merkwürdiges Verhalten für einen Händler. Damit hat er das Bild beinahe geschenkt bekommen.

Die nächsten Szenen übergehe ich; es soll nur erwähnt werden, dass Jessen nachdem er einen anstrengenden Auftrag erledigt hat, für ein paar Wochen nach Italien fährt, um auszuspannen. Nichts verständlicher als das; in der Komposition des Buches hat aber diese Reise offenbar die alleinige Funktion, Jessen weg von Hamburg zu bringen, damit er seiner Freundin Kathie, die auch für die Werbung arbeitet, einen Brief schreiben kann. Damit taucht ganz unauffällig ein erstes konkretes Datum in dem Buch auf: 14. Oktober 1985 (93). Beim ersten Lesen wird man es kaum beachten. Es folgen aber weitere Datumsangaben, die zunehmend wichtiger werden. Ich werde darauf eingehen.

Ebenso unauffällig wie der Brief wird ein Bericht über die Neujahrsparty zum Jahreswechsel 1985 / 86 eingestreut. In der Nacht erschreckt er seine Freundin mit dem unvermittelten Ausruf: „Ich will es jetzt wissen" (101). Die Suche beginnt. Diese Absicht wird von der Freundin nicht geteilt. Ihre Haltung ist sogar die des demonstrativen Nichtwissenwollens. Er räumt ein: „Was Kathie sagte, tat und lebte, war auch eine Möglichkeit. Und war womöglich ein großes Glück. Das Glück des Nichtfragens. Das Glück des Nichtwissens. Nichtwissenwollens." (107)

Wie in einem Kriminalroman werden auch falsche Fährten ausgelegt. So bietet sich als Erklärung des Monogramms sogleich diese Deutung an: C. W., das ist niemand anders als der Händler selber: Charlie Wuttke (113). Das aber ist ein Irrtum. – Wieder wird unauffällig ein Datum eingeflochten: Anfang Mai 1986, und kurz darauf folgt ein weiteres, als Jessen dem Händler einen Brief schreibt, um sich zu einem Gespräch über das Bild anzumelden: Hamburg, 2. Juni 1986 (122).

Sie erinnern sich: das Buch ist im März 1986 erschienen. Hier wird ohne viel Aufhebens die Grenze zur Zukunft überschritten. – Wie erinnerlich, waren die Vorläufer der Science Fiction die sogenannten Zukunftsromane der dreißiger Jahre. Mancher kennt vielleicht noch den Namen Hans Dominik, das Pseudonym eines begabten Konstrukteurs, der bei Siemens sein Brot verdiente. Mit diesem Genre hat jedoch der uns beschäftigende Roman nichts zu tun – und auch der Bereich der Science Fiction wird nur von fern einmal kurz sichtbar gegen Ende. Aber ich will nicht vorgreifen sondern pedantisch der Reihe nach der Handlung folgen.

Jessen bekommt am 27. Juli einen Anruf von Wuttke, der ihn noch für denselben Abend zu einen Gespräch einlädt. Er erzählt ihm, wie er an das Bild gekommen ist, und allein das ist seltsam genug. Er war noch als Hitlerjunge mit dem letzten Aufgebot des Volkssturms den Engländern entgegengeschickt worden – den letzten Kampf um einen Bauernhof im Oldenburgischen, aus dem er und die Tochter des Bauern als einzige Überlebende hervorgegangen sind, muss ich überschlagen – und er berichtet, wie die Engländer auf ebendiesem Hof ein provisorisches Lazarett eingerichtet haben, wie sie ihn als Dolmetscher beschäftigen, und wie er zum Abschied ein Rot-Kreuz-Schild erhält, das er mit sich nach Hamburg nimmt, dort später säubert und darunter eben das Bild entdeckt, das er an Jessen verkauft hat (141 f.) Er fügt hinzu: „Vielleicht hat der Soldat sich geärgert, dass dort ein englischer Flieger abgeschossen wird" (148).

Darum also hat er es als Untergrund für das Rote Kreuz verwendet. Wuttke erzählt aber noch viel mehr. Er berichtet ausführlich über den Hamburger Feuersturm, den er mit- und überlebt hat, und er erwähnt, wie ein banales Ereignis diese furchtbare Erinnerung wieder in ihm wachgerufen hat: Als sein Sohn, damals noch Schüler, Schillers Glocke auswendig zu lernen hat und sie stockend aufsagt, überfällt ihn die Erinnerung an den fürchterlichen Bombenangriff auf die Stadt Hamburg in Juli 1943, und er ist betroffen, wie genau Schiller einen solchen Brand schildert, als ob er in die Zukunft hatte blicken können. Hier wird gezeigt, wie ein großes Kunstwerk prophetische Qualität besitzen kann. Jessen schwächt etwas ab und zieht „prognostisch" vor (158).

Ebenso unauffällig wie die Datumsangaben führt der Autor nun eine weitere Hauptperson ein: auf der Einladung eines Freundes zu einer Vernissage lernt Jessen die Kunsthistorikerin Edith kennen. Sie hatte sich auch einmal, vor dem Geschäft stehend, für das Bild interessiert, und so lädt Jessen seinen Malerfreund und auch die neue Bekannte ein, das Bild zu sehen – wohlweislich an einem Abend, da seine Freundin Kathie abwesend ist (205). Die drei sitzen lange vor dem Bild und bilden lange Assoziationsreihen zum Begriff Grau. Als Kathie dann doch noch hereinplatzt, zeigt sie sich verschnupft. Der Leser ahnt: hier geht eine Beziehung ihrem Ende entgegen.

Das Interesse der Kunsthistorikerin an dem Bild hat sich so weit gesteigert, dass sie mit zu dem Bauernhof fahren möchte, von dem das Bild stammt. Sie treffen dort die Bäuerin, der sie ein Foto des Bildes zeigen. Sie weicht entsetzt zurück: „Um Gottes willen" (221). Dann sagt sie zu ihrer Tochter: „Das ist das Bild von Onkel Carl." (221) Damit ist der Vorname des Malers genannt. Sie weiß aber noch mehr zu berichten und erzählt von der Freundschaft ihres Vaters, der im Ersten Weltkrieg auf einem Fliegerhorst als Mechaniker gearbeitet hat, zu einem der erfolgreichen Jagdflieger, den er noch lange nach dem Krieg nur den Leutnannt nennt, obwohl sie sich duzen. Dieser ist immer wieder auf den Hof gekommen, um sich zu erholen, und er arbeitete auch dort mit, denn er ist durch die Inflation mittellos, und er wird seit dem Krieg immer wieder von seltsamen „Zuständen" überfallen. Sein Name: Carl Westermann (225). Damit ist auch der Familienname des Malers bekannt und die Signatur fürs erste entschlüsselt – nicht so das Geheimnis des Bildes. – Die beiden erfahren noch, dass der Leutnant um 1935 dem Vater der Bäuerin das Bild geschenkt hat, und dann wieder zur neugebildeten Luftwaffe gegangen ist. Im Zweiten Weltkrieg ist er über England abgeschossen worden. Die Bäuerin weiß außerdem noch, dass es der Leutnant in Niedertannhausen gemalt hat (227). Damit ist ein weiterer Mosaikstein bereitgestellt.

Zwischen Edith Gärbels und Jessen entsteht nun eine Gemeinsamkeit durch das Interesse an der Herkunft des Bildes; sie sagt einmal aus Versehen „unser Bild" (213).

Sie beschließen, die Suche nach weiteren Spuren aufzunehmen. Was den Maler angeht, so vermuten sie, dass er um 1895 geboren sein müsse. Damit müsste er doch aufzuspüren sein. Wieder in Hamburg, schlägt Edith in den entsprechenden Werken nach, kann aber keinen Carl Westermann, geboren um 1895, finden (239). Da bleibt nur noch der vage Hinweis auf Niedertannhausen.

Diesen Ort verzeichnet der Straßenatlas, und so fahren sie hin. Im Januar 1987 beginnt diese neue Etappe ihrer Suchreise. Sie finden auch, was sie vermutet haben, die ehemalige Nervenheilanstalt, aber die ist jetzt Zentrale der Molkereigenossenschaft. Ein kunstverständiger Pfarrer kennt aber noch den Namen eines der Ärzte, die vor Jahrzehnten dort

behandelt haben, und zwar nach damals modernen Prinzipien: der Name
Prinzhorn wird genannt. Jener Arzt, an den sich der Pfarrer erinnert, war
der damalige Assistenzarzt Dr. Domcik; hier hat der Autor einen Scherz
eingeflochten und ein Anagramm aus seinem eigenen Namen gebildet.
Der Scherz wird sogar noch weitergeführt; weil dieser alte Arzt zu der Zeit,
als Jessen und Edith sich nach ihm erkundigen, 92 Jahre alt ist. Sollen wir
die Zahl umkehren? Dann ergäben sich 29 Jahre für den Autor. Der ist
1951 geboren; wir kämen dann ins Jahr 1980. Das muss eine Rolle für ihn
und das Buch spielen; vielleicht fällt die erste Inspiration zu diesem Werk
in das Jahr, das auf solche Weise verschlüsselt angegeben ist.

Der alte Dr. Domcik erweist sich als sehr hilfsbereit, und er schickt
Jessen seine alten Aufzeichnungen über den damaligen Patienten Westermann zu. Sie sind wiederum genau datiert: Carl Westermann, (geb. 1895)
Niedertannhausen 3. Mai 1924 bis 5. Oktober 1924. Es liegen auch
Aufzeichnungen von der Hand des Malers selbst bei, und wir erfahren
den ersten Versuch einer Diagnose: „Westermanns Problem ist die Perse-
veration eines bestimmten Kriegserlebnisses, das ihm einen tiefen Schock
versetzt hat" (252).

Das hängt mit einem, sogar erfolgreichen, Luftkampf zusammen, zu
dessen Beschreibung er mehrmals ansetzt, aber immer wieder abbrechen
muss: „An diesem Tag war das mein vierter Abschuß. Spiekermann (der
Mechaniker) begrüßte mich am Boden mit Champagner. Gleichwohl kam
bei mir keine rechte Freude auf. Denn unter der Fliegerbrille des Briten
[...]" (266). Der Arzt Domcik – also der Autor – versucht diese Deutung:
„Was hat er unter der Fliegerbrille des anderen gesehen? Sich selbst?" (267).

Nun berichtet der Arzt, dass Westermann die Nachricht vom Tode
seiner Mutter erhalten habe. Danach beginnt er zu malen, um sich von
dem traumatischen Erlebnis zu befreien. Das Ergebnis verblüfft den Arzt:
„Wie ich nun das Bild einige Zeit intensiv betrachtete, kam es mir vor,
als wären gar nicht die roten Flugzeuge das eigentliche Thema, sondern
der Himmel, der den ganzen Hintergrund ausfüllt". Als er den Patienten
darauf anspricht, wird er zornig. Über das Grau sagt er: „Das ist das Auge
meines Vaters. Ich habe es ihm ausgestochen" (270). Es ist klar, dass er ihn
nicht für geheilt halten kann.

Eine Beilage im Dossier des Arztes führt weiter. Er hat im Jahre 1939 einen Brief von seinem ehemaligen Patienten erhalten, indem dieser näheren Aufschluss über sich, seinen Vater und das Bild gibt: Sein Vater sei der Maler Peter Friedrich Carlsen gewesen, der mit seiner Mutter verlobt war. Kurz nach der Verlobung sei er von einem Hamburger Kaufmann zu einer Schiffsreise in die Südsee eingeladen worden. Die Mutter redete ihm noch zu, die Einladung anzunehmen. Er ist nie zurückgekehrt. Ihren später geborenen Sohn musste sie allein aufziehen (273).

Sechs Jahre nach seinem Verschwinden bekommt die Mutter einen Brief von ihm, dass er auf der südpazifischen Inselgruppe der Karolinen lebe. Er sei ein völlig neuer Mensch geworden. Er schickt der Mutter auch ein Gemälde – eben jenes, das der Sohn dann mit seinem Luftkampf übermalt hat. – In seinem Brief teilt der Vater auch mit, dass er vor einem Krieg warnen wolle (1901!) in den Europa hineinläuft. Der Sohn verachtet ihn dafür als Pazifisten (274).

Nach diesen Auskünften geht nun der Antiquitätenhändler daran, das Bild abzuwaschen. Darunter kommt etwas Erstaunliches zum Vorschein: „Leuchtendes Grau", und, „Sehr, sehr feine Pinselstriche, wie genadelt". Der Autor beschreibt das Bild so: rasterartige Formen in sämtlichen Schattierungen des Graus zwischen Schwarz und Weiß, prismatisch gegliederte Gebilde [...] geometrisch doch zugleich organisch, streng geordnet, doch zugleich chaotisch, als löse sich die Ordnung zu etwas anderem auf, als fiele etwas zu nichts zusammen, abstrakt" (283).

Am Ende finden sie auch noch ein Signet: PFC Ponape 1900. (284). Sie stellen fest, dass Ponape eine Insel im westlichen Teil des Karolinen-Archipels ist (285). „Da fahren wir hin", sagt Edith lachend, und umarmte erst Wuttke, dann Jessen (286). Das Ziel der Suchreise konkretisiert sich.

Edith lädt ihren Chef, den Museumsdirektor Professor Stofkind ein, das Bild anzusehen. Der kennt den Maler Carlsen als einen Mann, der heutzutage ungenießbare Schlachtengemälde in riesigen Formaten hinterlassen hat. Umso mehr verblüfft ihn das Bild: „Das ist doch ein Gemälde aus einer gänzlich anderen Epoche. Fast Feininger [...] und doch darüber hinaus [...] beinah monochrom" (292).

Und er meint, man müsse der Sache auf den Grund gehen. Da hakt Jessen ein „Frau Gärbels und ich reisen auf die Karolinen-Inseln, nach Ponape, und forschen dort nach [...]. Der Mann muss dort Spuren hinterlassen haben [...]. Ich werde das aus eigener Tasche bezahlen [...]. Aber die Unkosten, die Frau Gärbels entstehen, die tragen Sie beziehungsweise Ihre Institution" (293).

Der Professor wird überzeugt. In einem weiteren Gespräch sagt er dann: „Eine bestimmte grafische Struktur, eine Art Raster [...], taucht auf dem Bild insgesamt dreimal in fast identischer Weise auf" (300). Diese Struktur hat Stofkind abgezeichnet und zeigt sie den jungen Leuten, und Modick bildet sie in seinem Roman ab. Damit sind wir auf Seite 300! Das alles ist also noch die Vorgeschichte der Suche. – Diesen Hinweis konnte ich erkennen. Das ist aber kein besonderes Verdienst, denn in der Südseeabteilung des Museums in Dahlem finden sich aus Stäben gefertigte Seekarten der Polynesier; die hatte ich einmal gesehen. Wer sie nicht zufällig kennt, muss noch etliche Seiten weiter auf die Lösung dieses Teils des Rätsels warten.

Jessen und Edith Gärbels brechen nun zur entscheidenden Reise auf; seine Beziehung zur Freundin Kathie hat sich unterdessen verflüchtigt, und Edith, die verheiratet ist, erwähnt ihren Mann nur einmal und dann nie wieder. Offenbar werden die Karten neu gemischt. Vorher fährt Jessen aber noch einmal nach Italien und malt dort im Hause eines Freundes; anscheinend löst er sich auch von der Werbegraphik. Er schreibt einen weiteren Brief aus Italien, diesmal an Edith, am 21. Juni 1987 (305). „Vielleicht ist auf dem Bild etwas Prognostisches?" (314).

Nun kann endlich die große Reise beginnen. Sie führt von Hamburg nach London, von dort nach Nordamerika und quer über den Kontinent nach Los Angeles und weiter nach Honolulu, von wo aus sie die Karolinen erreichen, die in amerikanischem Besitz sind. In einem Gespräch mit einem deutschen Journalisten wird kurz die wechselvolle Geschichte der Inseln rekapituliert: erst spanischer, dann deutscher Kolonialbesitz, dann in amerikanischer Hand. Sie erfahren noch etwas Unheimliches: „Es kursieren Gerüchte, dass auf abgelegenen, unbewohnten Inseln [...] Waffentests stattfinden" (327).

Die Suche zieht sich hin. Fast schon wollen sie resignieren. „Es ist egal, ob wir auf Spuren Carlsens stoßen. [...] Es ist sogar egal, ob er hier war, ob er überhaupt gelebt hat. Es reicht, dass wir es wissen." Und es heißt weiter: „Irgendwann zogen sie aus ihren Einzelzimmern um in einen größeren, helleren Raum [...]. Und sie fanden sich, weil sie nicht mehr suchten" (333). Zuletzt bekommen sie noch einen Hinweis: auf einem Friedhof gäbe es noch ein paar deutsche Gräber (337). Sie suchen ihn auf und finden das meiste verfallen: „Der Stein aber, den sie suchten [...], stand aufrecht und wirkte, als würde er hin und wieder gesäubert." Die Inschrift lautet: Peter Friedrich Carlsen *1841 †1915 (338).

Vor ihrer Abreise wollen sie noch einmal das Grab aufsuchen. Sie treffen dort einen alten Mann, „er war hellhäutiger und größer als die Mikronesier, die sie kannten." Sie sprechen ihn an. Es ist Carlsens Sohn Thomas. Der lädt sie zu sich nach Hause ein, und so erfahren sie, was sie von Carlsens Leben auf der Insel wissen wollten. Sie zeigen dem Sohn auch ihr Foto von dem Bild, und der kennt es sogar, obwohl er es nie gesehen hat: „Es heißt Das Grau der Karolinen" (342). Er weiß auch zu berichten, dass Carlsen es nach Deutschland gesandt hat, und dass sein Vater wohl aus Gram gestorben ist, weil die Japaner ihn im Jahre 1914 zwingen wollten, die Insel zu verlassen. Er aber hatte dort sein Paradies gefunden (344).

Über das Bild sagt er noch: „So hat mein Vater nur einmal gemalt. Meine Mutter hat es mir erzählt, dass er mit diesem Bild einen bösen Zauber bannen wollte, der auf seiner Seele lag" (345). Er berichtet auch noch von einem Atoll, auf das sich Carlsen oft zurückgezogen habe, um zu malen. Dort habe er eine Hütte gebaut, und er habe seine Bilder in einer Kiste verwahrt. – Damit ist ein neues Motiv aufgetaucht, die Suche fortzusetzen. Wird gar noch ein Schatz in jener Kiste gefunden (346)?

Der alte Thomas erinnert sich zwar an das Atoll, kennt aber seine Lage nicht, denn er war damals zu klein, als der Vater ihn mitgenommen hat. Er weiß nur, es müssten drei oder vier Tagereisen sein, aber er kennt nicht die Richtung (346). Er schenkt ihnen beiden noch eine Fotografie seines Vaters.

Am nächsten Morgen lässt er sie durch seine Tochter wieder zu sich rufen. Die ist ganz aufgeregt, der Vater habe etwas Wichtiges entdeckt, und ihr Mann, der Fluglotse auf dem Airport sei, sei auch gekommen. Sie eilen zum Alten, und der eröffnet ihnen, dass er nun wisse, wo das Atoll liege: Am Abend zuvor hatte er nicht alle Einzelheiten auf dem Foto erkennen können, aber jetzt bei Tageslicht erkenne er die Zeichnung; und auf Seite 352 gibt der Autor das Bild von drei Stabkarten wieder und dazu die Erklärung, was sie bedeuten: Carlsen habe damit die Position seines Atolls markiert. Es liege etwa 200 Seemeilen von Ponape (353), also mit einem Motorboot leicht zu erreichen, wenn auch – er bricht ab. Nun übergibt er seinen Gästen das „Tagebuch meiner Südseereise" von Peter Friedrich Carlsen (355), und der Leser wird mit einer weiteren wohlberechneten Verzögerung konfrontiert vor dem Höhepunkt, auf den die ganze Erzählung zuläuft.

Das, was das Tagebuch berichtet, sei hier übergangen. Nur eine, später hinzugefügte Eintragung muss erwähnt werden: „Es ist etwas höchst Seltsames passiert. Ich habe ein Bild gemalt, das anders ist als alle Bilder, die ich bisher gemalt habe. Anders deshalb, weil es keine Farbe hat – und keine Farben haben durfte." (394) In langen, minutiösen Schilderungen berichtet Carlsen nun von einer Art Weltuntergangsvision, die aber sehr präzise Einzelzüge aufweist: „[...] ich sah Leichenberge und hörte das Schreien und Schießen. Und dann sah ich seltsame, glitzernde Maschinen aus Metall, die wie Vögel am Himmel zogen, und aus denen fiel Feuer und Vernichtung in allen Farben. Ich hatte das Gefühl, dass das gesamte Atoll von einer unsichtbaren Faust in die Höhe gehoben wurde [...]" (396). Diese furchtbare Vision will er malen, kann aber nicht das richtige Grau finden. Schließlich sammelt er die Asche von verschiedenen Stoffen und mischt daraus seine Farben (397).

„In der Nacht vom 5. auf den 6. Januar 1988 stachen sie in See." Mit diesem lapidaren Satz beginnt der letzte Teil der abenteuerlichen Suche. Sie, das sind Edith und Jessen, der alte Thomas und sein Schwiegersohn, der die Zeichnung Carlsens in eine moderne Seekarte übertragen hat (400). So finden sie das Atoll, aber beim Anblick eines amerikanischen Aufklärungsflugzeugs überfallen Jessen düstere Ahnungen: „Die Wirklichkeit, vor der Carlsen damals geflohen ist, hat längst die Inseln eingeholt" (407). Nun finden sie die Hütte, oder was noch von ihr übrig ist, und noch etwas:

„Die Kiste, die sie suchten, lag genau unter dem Stamm der Palme. Der Stamm hatte den Deckel eingedrückt und die Seitenwände auseinander gequetscht. Aus den Spalten und Fugen quoll es weißlich modernd hervor [...]. Unter ihren Anstrengungen zerfiel die Kiste, zerbröselte zu fauligen Holzstückchen. Der Inhalt war nichts als ein fauliger, weißlichgrauer Brei [...]" (409). Thomas sagt: „Die Bilder meines Vaters sind dabei wieder das zu werden, woraus sie entstanden. Sie gehen in die Insel ein" (470). Sie verlassen das Atoll.

Auf der Rückfahrt werden sie von einem amerikanischen Kriegsschiff aufgebracht und energisch an Bord befohlen (411). Der Kapitän hält sie zuerst für Spione und glaubt ihrem Bericht, sie haben Bilder auf dem Atoll gesucht, erst dann, als er die Reste der Kiste durch einige seiner Matrosen an Bord hat holen lassen. Nun hat er Vertrauen gefasst, und er erzählt auch ganz aufgeräumt von seiner doch im Grunde geheimen Mission. Sie hat natürlich mit den Waffenversuchen zu tun, von denen wir schon andeutungsweise erfahren haben, und am nächsten Tag erleben seine Gäste bzw. Gefangenen auch das grausige Schauspiel mit, wie das Atoll durch eine neuartige Bombe zuerst in die Höhe gehoben wird und dann sich in etwas grauen Rauch auflöst (426).

„Der Rauch, Dunst oder Nebel oder alles zusammen oder nichts davon breitete sich flächig aus, in bizarren, beinah geometrischen Mustern. Und dann war es da – für den Bruchteil einer Sekunde zwar nur, aber es gab keinen Zweifel. Was Jessen durch das Fernglas sah, war, für einen Augenaufschlag, identisch mit Carlsens Bild" (426).

Damit kann die Nacherzählung abgebrochen werden. Der Rest ist ein Stück absurdes Theater, das nicht mehr referiert werden soll. Der Autor baut die Spannung, die er zuvor so meisterlich zu steigern wusste, in einer Groteske am Schluss wieder ab. Nur ein Zug der Erzählung ist noch nachzutragen: In der Nacht vor der Annihilierung des Atolls ist der alte Thomas von dem Kriegsschiff verschwunden. Der Schwiegersohn weiß auch, wohin: „Entweder, er ist auf der Insel, oder er ist in der See [...]. Jedenfalls geht er zu seinem Vater" (422). Er fügt noch hinzu: „Selbst wenn sie auf die Insel gingen [...], fänden sie ihn nicht. Thomas weiß, wie man sich unsichtbar macht" (422).

Soviel also vom Inhalt des Romans, der, und das ist wohl nicht übertrieben, ein Kunstwerk von außergewöhnlichem Rang darstellt. Das
Verstehen vieler Einzelheiten wird Ihnen als Psychologen vom Fach nicht
schwergefallen sein. Fast ist es eine Anmaßung, wenn auch noch ein Laie
ein paar Bemerkungen beisteuert. Lassen Sie mich nur einiges hervorheben, was ich an Erhellendem in dem Werk von Emma Jung und Marie
Louise von Franz, Die Gralslegende (1960), gefunden habe. Ich gebe nur
ein paar knappe Zitate:

a. „Die rote Farbe ist mythologisch häufig einerseits mit Blut, Feuer,
Liebe und Leben assoziiert, andererseits mit Krieg und Tod" (58f.). Erinnern Sie sich dabei an das Bild vom Luftkampf mit den roten Flugzeugen.

b. Das Gralsreich ist auch identisch mit dem Totenreich bzw. mit dem
Unbewussten (71). Dieser „jenseitige Charakter" taucht auch in dem
Roman von Modick auf. Zunächst geht die Reise der beiden, des Mannes
und der Frau, permanent nach Westen, wo in der ägyptischen Mythologie
das Totenreich lag, desgleichen bei den Kelten. Hier trägt es den Namen
Avalon. – Die Südseeinseln, die sie zuletzt erreichen, liegen genau auf der
anderen Seite der Erde, also auf dem bewusstseinsfernsten, abgewand-
tetsten Punkt, den man auf dem Globus finden kann.

c. „Die erste Etappe der Bewusstwerdung bildet das Erlebnis (des
Perceval) auf der Gralsburg, das man wie einen Traum oder eine Vision
auffassen könnte, durch den dem Helden das Ziel seiner Lebensaufgabe
gegeben wird." (178). Ist es verfehlt, in dem seltsamen Berggasthof bei der
ehemaligen Heilanstalt Niedertannhausen ein Äquivalent der Gralsburg
zu sehen?

d. Die Autorinnen erwähnen die eschatologische Stimmung, die um
das Jahr 1000 herrschte, weil man damals das Ende der Welt erwartete
(204 Anm. 35). Eine solche Weltuntergangsstimmung scheint sich vor der
zweiten Jahrtausendwende wieder einzustellen.

e. Eingehende Erörterungen gelten in dem angeführten Werk dem
Verschwinden Merlins (406). Dem ist das Verschwinden des alten Thomas
vergleichbar, dem sein Schwiegersohn auch noch die zauberische Fähigkeit
beilegt, sich unsichtbar machen zu können.

Hervorzuheben ist schließlich noch die Zusammensetzung der Gruppe, die sich aufmacht, das Atoll zu suchen – eine runde Insel. Es fahren auf dem Motorboot zwei Europäer und zwei Polynesier. Darf man sie als die Vertreter des bewussten und des unbewussten Prinzips ansprechen? – Man kann aber auch die Vier als die Ganzheit auffassen, hier die der vier Wahrnehmungsfunktionen: Wenn die Frau Doktor Edith Gärbels das Denken repräsentiert, dann sicher der seekundige Schwiegersohn des alten Thomas das Empfinden. Ihm selbst käme dann wohl das Intuieren zu, und für Michael Jessen bleibt das Fühlen. – Es wäre am Text nachzuprüfen, ob er damit zureichend charakterisiert ist. (Das Denken stellt er auf keinen Fall dar; dieses passt eher zu Edith, die als Ziehtochter des Professors Stofkind ganz Vaterstochter ist.)

Was aber wird eigentlich gesucht, mit anderen Worten, was ist das Ziel der Suchreise? Die Autorinnen geben diese Antwort: „In gewissem Sinne wäre also die Seele jenes wunderbare Gefäß, dem die ‚Queste' gilt und die lebensspendende Kraft innewohnt, dessen letztes Geheimnis aber nicht enthüllt werden kann, sondern stets verborgen bleiben muss, weil sein Wesen Geheimnis ist" (148).

Mit den zusammengeklumpten Bildern, den nur zu ahnenden Meisterwerken des verschollenen Malers Carlsen, die in der Kiste gefunden werden, sichtbar und unsichtbar zugleich, hat der Autor ein überzeugendes Symbol gefunden.

Johann Amos Comenius
Das Labyrinth der Welt
und das Paradies des Herzens

„Mein Leben war ein Wandern, eine Heimat hatte ich nicht. Es war ein ruheloses, fortwährendes Umhergeworfenwerden, niemals und nirgends fand ich einen festen Wohnsitz", schrieb Johann Amos Comenius wenige Jahre vor seinem Tod. Die innere und äußere Verflochtenheit seines Lebensganges mit den politischen Ereignissen der Epoche des Dreißigjährigen Krieges und der Gegenreformation kann prägnanter nicht zum Ausdruck gebracht werden (R 7). Dass Jan Komensky, wie er vor der Latinisierung seines Namens hieß, diesem unruhigen Leben die außergewöhnliche Anzahl von rund 250 Schriften abgerungen hat, grenzt ans Unglaubliche.

Comenius stammt aus der mährischen Slowakei. Der Herkunft nach ein Mähre, der Sprache nach ein Tscheche, so hat er sich selbst charakterisiert. Er wurde am 28. März 1592 in der Nähe von Ungarisch-Brod geboren, sein Vater war Müller und gehörte der Glaubensgemeinschaft der Brüderunität an, auch Böhmische Brüder genannt. Deren insbesondere von der starken Stellung der Laien wie vom Toleranzgedanken geprägte Glaubenswelt bestimmte sein Denken, und er starb als ihr letzter Bischof im Jahre 1670 im Exil in Holland.

Die vielen Schriften des Comenius sind vor allem sprachwissenschaftlichen und theologischen Inhalts, und die Nachwelt kennt ihn vor allem als großen Reformator der Pädagogik. Davon soll aber heute nicht die Rede sein, sondern allein von dem Werk „Das Labyrinth der Welt" aus dem Jahre 1623, das der Form nach ein Roman ist, inhaltlich eine Trostschrift. Trostbedürftig war in erster Linie der Autor selbst, denn er hatte im Jahre davor seine junge Frau und seine beiden kleinen Kinder verloren: Sie starben an der Pest, die vermutlich fremde Landsknechte in das mährische Städtchen Fulnek eingeschleppt hatten. Dort wirkte Comenius zuvor als Lehrer und Schulrektor, bis er nach der für die protestantische Seite unglücklich ausgegangene Schlacht am Weißen Berge vor den spanischen Truppen der

Gegenreformation hatte fliehen müssen. Er fand Unterkunft mit anderen verfolgten Geistlichen der Brüderunität beim Grafen von Zierotin in Brandeis und konnte sich erst wieder in den Heimatort wagen, als die Spanier abgezogen waren. Da erfuhr er, dass in der Zwischenzeit seine Familienangehörigen gestorben waren – weshalb er sie bei einer vermutlich überstürzten Flucht nicht mitgenommen hatte, ist nicht bekannt.

Um diesen Schicksalsschlag zu verarbeiten, verfasste Comenius mehrere Trostschriften, darunter ein meditatives Gespräch mit seinem Heiland und eben jenes Werk, das ich ihnen heute vorstellen möchte. Er schrieb es in tschechischer Sprache, und es wurde mehrfach ins Deutsche übersetzt, so 1907 durch Zdenko Baudnik. Diese Übersetzung ist mehrfach erschienen, zuletzt 1970 in Luzern mit einem Vorwort von Pavel Kohout, zuvor schon 1958 in Weimar in einer zweifelhaften, verkürzten und verfälschenden Bearbeitung.

Seinem Buch stellt der Autor das bekannte Wort des Predigers voran: „Ich sah an alles Tun, das unter der Sonne geschieht; und siehe, es war alles eitel und Jammer" (Eccles. 1,14), und er schreibt: „Das, was Du, lieber Leser, nun lesen wirst, ist keine Dichtung, wiewohl es die Form einer Dichtung hat; sondern es sind wahre Begebenheiten, wie Du, wenn Du sie nur recht verstehst, wohl selbst erkennen wirst, besonders wenn Du einige Kenntnis von den Vorkommnissen meines Lebens hast" (25). So wird es nötig werden, einzelne biographische Tatsachen gelegentlich zu erwähnen, ohne jedoch die ganze Lebensgeschichte aufzurollen.

Die eigentliche Erzählung beginnt so: „Als ich in dem Alter stand, in welchem die menschliche Vernunft einen Unterschied zwischen Gut und Böse zu machen beginnt, und zugleich sah, dass es verschiedene Stände, Rangstufen, Berufszweige, Beschäftigungen und Ziele gebe, die sich die Menschen stecken, da schien es mir ein dringendes Bedürfnis, zu erwägen, zu welcher Gruppe von Menschen ich mich gesellen und mit was für Dingen ich mein Leben hinbringen sollte" (27). Der Ich-Erzähler, der in der Folge auch oft als der Pilger bezeichnet wird, verlässt also seine Heimat und begibt sich auf die Wanderung durch die Welt, die ihm eine umfassende Orientierung geben soll, denn er ist, wie zumeist junge Menschen, unsicher, welchen Platz er einmal einnehmen soll.

Während er also seine Wanderung beginnt, steht plötzlich ein unbe-
kannter Mensch neben ihm, „er hatte einen flinken Gang, einen munteren
Blick und beredte Worte"; leicht erklärlich, dass er dem jungen Toren
imponiert. Er fragt ihn nach seinen Absichten, und als der ihm bereitwillig
Auskunft gibt, fragt er weiter, ob er denn einen Führer für seine Wanderung habe. Der junge Mensch meint, er habe keinen anderen als Gott
und seine beiden Augen, aber das scheint dem Unbekannten nicht ausrei-
chend. Er sagt: „Da wirst du nichts ausrichten", und er fügt hinzu, „hast
du von dem Labyrinth auf Kreta noch nicht gehört?" Das hat der junge
Mann durchaus, aber der Unbekannte beharrt dabei und erklärt: „Es war
ein Weltwunder, ein Gebäude, das aus vielen Gemächern, Kammern und
Gängen bestand, dass, wer sich einmal ohne Führer hineinwagte, solange
er auch darin umherirren und umhertappen mochte, doch niemals einen
Ausweg fand. Doch war das nur ein Kinderspiel im Vergleiche dazu, wie
das Labyrinth der Welt, besonders jetzt, gestaltet ist". Und er rät ihm, sich
nicht ohne Führer hineinzuwagen, und er bietet sich gleich selbst dafür
an, und er stellt sich vor, er heiße Allwisser, und er habe den Beinamen
Überalldabei (30).

Gegen diesen unerwarteten Begleiter kann sich der junge Pilger schlecht
wehren, und er erhält auch gleich die erste Belehrung: die Königin, die den
Lauf der Welt lenke, heiße die Weisheit, wenn sie auch einige eher die
Eitelkeit der Welt zu nennen pflegten und er rät ihm dringend: „klüngle
nicht, wohin immer du auch kommst und was du auch siehst; sonst könnte
es dir leicht geschehen, dass du da oder dort Hiebe bekommst [...]". Die
Erkundungsreise scheint also nicht ungefährlich zu sein.

Kaum hat der junge Mensch diese erste Begegnung verarbeitet, gesellt
sich noch eine weitere Gestalt hinzu. Sie ist vermummt, so dass er nicht
erkennen kann, ob es sich um einen Mann oder um eine Frau handelt.
Die Gestalt gibt sich als Abgesandte der Königin der Welt aus, für die
sie Dolmetscherdienste versehe. Sie wird in der Folge als die Verblendung
bezeichnet. Die beiden verständigen sich sofort über den Kopf des jungen
Toren hinweg, dass ihm ein Zaum angelegt und eine Brille aufgesetzt
werden müsse. Diese setzt ihm auch die Verblendung auf, und sie hat die
Wirkung, dass ein entfernter Gegenstand nahe, ein naher entfernt, ein

kleiner groß, ein großer klein, ein hässlicher schön und ein schöner hässlich erscheint. Sie ist geschliffen aus dem Glase des Vorurteils und gefasst in einem Rahmen aus Horn, der Gewohnheit heißt. So gesehen, könnte die Erkundungsfahrt gleich zu ihrem Beginn vereitelt werden und gründlich misslingen. Da bemerkt der Wanderer, dass die Brille zu seinem Glück etwas schief sitzt, so dass er darunter hinwegschielen und die Dinge doch in ihrer natürlichen Gestalt erkennen kann.

Der Autor folgt damit einer langen Tradition des Schelmenromans, wonach der naiv-unschuldige Tor am Ende doch genauer sieht als die erfahrenen Weltmenschen. So mit einem Zaum gezähmt und mit der nicht ganz abschließenden Brille der Verblendung und des Vorurteils versehen, wird der junge Mensch plötzlich auf einen hohen Turm versetzt, von dem aus er das Getriebe der Welt überschauen kann. Sie stellt sich dar als eine große und prächtige Stadt, die rund angelegt ist, und nach allen Seiten deutlich begrenzt, mit Wällen und Mauern wohlversehen, und an Stelle der Gräben einen boden- und uferlosen Abgrund aufweist. Dort ist nichts mehr auszumachen, denn nur die Stadt selbst liegt im Licht.

Der Pilger erkennt unzählige Gassen und sechs Hauptstraßen, die von Osten nach Westen verlaufen, in der Mitte einen runden Platz und auf einem Hügel ein glänzendes Schloss, das die Blicke der geschäftig hin- und herlaufenden Menschen besonders anzieht. (36) Der Führer zeigt ihm nun das Tor im Osten, durch das alle zur Welt gelangen, und ein weiteres, an dem die Lose der Berufswahl gezogen werden. Er erklärt ihm ferner, dass die sechs Hauptstraßen den sechs Berufs- und Lebensordnungen entsprechen: dem Ehestand, dem Gewerbestand, dem Stand der Gelehrten, dem geistlichen Stand, den Obrigkeiten und zuletzt dem Ritter- oder Soldatenstand, und er malt zunächst ein optimistisches Bild: „Wie prächtig ist das alles eingerichtet! Die einen zeugen alle, die anderen ernähren alle, wieder andere lehren und erziehen alle, die einen beten und kämpfen für alle, die anderen richten und beschützen alle, und so dient immer ein Stand dem anderen, und alles befindet sich in dem besten Geleise" (37).

Der Leser erkennt von weitem Platons „Staat" als entferntes, aber, wie sich zeigen wird, sehr entferntes Vorbild. – Der Führer erklärt noch: „Die Burg im Westen ist die Arx Fortunae, das Schloss des Glücks, in der die vorzüglicheren Menschen wohnen und Reichtum, Lust und Ruhm genießen" (37). Der junge Pilger wird im Laufe seiner Wanderung auch dorthin gelangen und dann selbst sehen, was daran ist.

Nun geht es einen dunklen Schneckengang hinab und der Wanderer gelangt in einen Saal mit vielen anderen jungen Leuten. Sie müssen an einem grimmig dreinblickenden Alten vorbeiziehen, der ihnen aus einem kupfernen Topfe die Lebenslose zuteilt. Schon will ihn die Verblendung dazu anstacheln, auch einen Griff zu tun, da bringt er bescheiden, aber bestimmt sein Anliegen vor, dass er nicht blind wählen, sondern erst alles in Augenschein nehmen und sich erst nach genauer Prüfung entscheiden wolle. Das wird ihm dann auch ausnahmsweise zugestanden, und so erhält er von dem alten Wächter einen Zettel mit der Aufschrift: Speculare, das ist: forsche oder prüfe, und damit wird er in die Welt entlassen.

Nun beginnt seine Wanderung durch die Hauptstraßen der obersten Stände, und von dem, was er dort zu sehen bekommt, soll einiges hervorgehoben werden. Zuvor aber erblickt der Pilger die Scharen der Menschen auf dem Hauptplatz der Stadt. Einmal gehen alle maskiert, aber bei schärferem Zusehen erkennt er doch, wie merkwürdig die Menschen wirklich sind: „Sie waren alle ohne Unterschied mit Krätze, Räude oder Aussatz behaftet, und außerdem hatten manche einen Schweinsrüssel, andere Hundszähne oder Rindshörner, wieder andere Eselsohren, Basiliskenaugen, Fuchsschwänze oder Wolfsklauen [...] die meisten ähnelten Affen" (43).

Er kommt nicht umhin, sie für Missgeburten zu erklären, wird aber sofort von seinem Führer scharf dafür getadelt: er brauche nur durch seine Brille zu sehen, dann werde er erkennen, dass es Menschen sind. – Nun wendet er sich ihren Beschäftigungen zu und sieht dies: „So sammelten einige Kehricht und verteilten ihn untereinander; einige walzten Balken und Steinblöcke heran, zogen sie mittels einer Winde irgendwohin in die Höhe und ließen sie dann wieder herabgleiten; andere hoben das Erdreich aus und trugen oder schafften es von einem Ort zum andern; der Rest hantierte mit Schellen, Spiegeln, Bälgen, Schnarren und anderem Spielzeug; einige belustigten sich sogar mit ihrem eigenen Schatten, indem sie ihn maßen, von sich stießen und ihm nachjagten. Das alles taten sie mit solchem Eifer, dass sie bei ihrer Arbeit stöhnten und schwitzten, oft sogar zusammenbrachen." (45)

Wer wie Comenius durch eine so starke seelische Erschütterung aus allen gewohnten Bahnen geworfen wurde, dem mag das Treiben der Menschen so aussehen: was sie für ernste Arbeit halten, erscheint ihm nur absurd. Damit nicht genug: „Ich nahm auch einen andern Missstand wahr, nämlich die Verblendung und Torheit der Menschen. Denn auf dem Ringplatze [...] gab es eine Menge Gruben, Löcher und Vertiefungen wie auch Steine und Balken, welche kreuz und quer durcheinanderlagen, und viele andere Hindernisse. Doch niemand dachte auch nur entfernt daran, sie wegzuräumen, auszubessern und die Ordnung wiederherzustellen" (465.)

Der Erzähler berichtet, wie er vergeblich die Menschen zu warnen versucht hat und nur Spott und Hohn erntet. – Eine andere Torheit, die ihm auffällt, ist die große Lust zu Neuerungen und Veränderungen in Kleidung, Bauart, Sprache, Gang und anderen Dingen. (47)

Könnte das noch als harmlos angesehen werden, so hört der Spaß auf, wenn es um den überall drohenden Tod geht: „Zuletzt sah ich den Tod in ihren Reihen wandeln, der, mit einer scharfen Sense und mit Pfeil und Bogen ausgerüstet, sie mit lauter Stimme mahnte, nicht zu vergessen, dass ein jeder sterben müsse. Doch niemand achtete auf seinen Ruf, ein jeder blieb bei seiner Torheit und trieb unbekümmert seinen Unfug weiter." (49)

Wurde ein Mensch getroffen, so „traten einige an den Verwundeten heran, hörten ihn röcheln und sahen, wie er die Beine anzog und verschied; hierauf versammelten sie sich an seinem Grabe, sangen, aßen, tranken, jubilierten und verzogen bei alledem kaum eine Miene. Sodann ergriffen sie den Toten, schleppten ihn hinaus und warfen ihn dann über den Zaum in jenen finsteren Abgrund, der die Welt umgibt. Und kaum waren sie von dort zurückgekehrt, gaben sie sich gleich wieder dem wüsten Treiben hin." (49f.)

Auf seiner Wanderung durch die Welt kommt der Pilger nun zu den schon erwähnten Hauptständen und lernt zunächst den Ehestand kennen und den Weg, der dahin führt, nämlich die Verlobung. Es beginnt mit einer gegenseitigen Prüfung: „sie musterten einander [...] die Ohren, die Nase, das Gebiß, den Hals, die Zunge, Hände, Füße und andere Glieder

[...]. Besonders häufig kam es vor, dass einer des anderen Taschen und Geldbeutel untersuchte [...]" (53 f.).

Die eigentliche Prüfung, ob die Partner zusammenpassen, findet jedoch auf einer Waage statt, und hier kann sich der Wanderer nicht genug wundern, was da alles für zusammenpassend erklärt wird, und so wird er belehrt: „Du hast [...] einen sehr wichtigen Umstand übersehen. Es ist wohl wahr, dass mancher Greis und manches alte Weib so leicht sind, das sie vom Winde weggeblasen werden könnten; doch da sie eine gut gespickte Börse haben [...] kommt es, dass hier manches anders ausfällt, als du erwartet hast." (56)

Des langen und breiten werden nun die Plagen des Ehestandes geschildert, aber auch seine Vorzüge. Fast hätte sich der Pilger auch verheiraten lassen. Da kommt ein furchtbares Gewitter auf, und die Menschen flüchten in alle Richtungen, und weiter heißt es „und als auch ich mich [...] in eine Ecke flüchtete, da rafften mir die Pfeile des Todes meine drei Angehörigen hinweg, so dass ich, jämmerlich vereinsamt und vom Schrecken wie gelähmt, nicht wusste, was ich nun beginnen sollte" (62).

An dieser Stelle fällt der Ich-Erzähler aus der angenommenen Rolle des jugendlichen Naiven, der seine ersten tastenden Schritte in der Welt tut, und erwähnt knapp die Katastrophe, die seine eigene Familie getroffen hat, also jenes Unglück, von dem ihn dieses Buch, das er gerade schreibt, trösten soll. Diese erzählerische Fehlleistung wird ihm indes der verständige Leser nicht übelnehmen, sondern mit Verständnis und Mitgefühl reagieren.

Als nächstes lernt der Wanderer die verschiedenen Gewerbetreibenden kennen und muss feststellen, wie auch hier Torheiten und Plackerei überwiegen: „mancher arbeitete wie ein Ross; so dass der Schweiß in Strömen von ihm rann; doch wenn er sich auch bis zu völliger Ermüdung und Entkräftung plagte und oft dabei sogar zu Schaden kam, verdiente er sich kaum das trockene Brot" (65). Dann „sah ich, dass alle nur für ihren Magen arbeiteten. Denn was sie ergatterten, das stopften sie sich und den Ihrigen in den Mund, wenige ausgenommen, die das, was sie dem Munde entzogen, in den Beutel taten. Doch war dieser, wie ich bemerkte, oft voll Löcher, so dass das, was man hineintat, wieder herausfiel [...]" (65).

Außerdem „gewahrte ich, dass überall und ganz besonders unter Zunft-genossen viel Neid und Missgunst herrschten. Denn so wie einer mehr Aufträge erhielt oder mehr Kunden hatte, da sahen ihn gleich seine Nach-barn mit scheelen Augen an, ballten die Fäuste und verdarben ihm, wo sie nur konnten, das Geschäft" (66).

Dann „erkannte ich [...], dass viele Dinge unnütz und überflüssig und die meisten menschlichen Beschäftigungen eitle Mühe und zwecklose Torheit sind. Denn da offenbar eine ganz einfache und schlichte Kost hinreicht, den Leib des Menschen zu ernähren, ein einfaches und schlichtes Gewand, ihn zu bekleiden, ein einfaches und schlichtes Obdach, ihn zu schützen, so folgt daraus, dass nur ein kleiner und bescheidener Aufwand von Mühe hierzu nötig ist." (67)

Diese Erkenntnis ist aber scheinbar in der Gegenwart verloren gegangen. Nicht genug damit: viele von den Menschen hergestellte Dinge sind nicht nur unnütz, sie sind auch schädlich, und es heißt: „Andere verschwendeten ihre Mühe darauf, Werkzeuge der Grausamkeit, wie Schwerter, Dolche, Morgensterne und Gewehre, in möglichst großer Anzahl herzustellen. Wie nun die Menschen mit ruhigem Gewissen und sogar mit Lust diese Geschäfte treiben können, ist mir unbegreiflich" (68).

Dem können wir wohl zustimmen. Danach verfolgt der Pilger kopf-schüttelnd die Mühen der Fuhrleute und schildert dann die Gefahren der Seefahrt, wobei sowohl Sturm wie Windstille gleich verderblich sind: beim Sturm werden die Reisenden bis zur Seekrankheit umhergeworfen, und bei Windstille kommen sie nicht voran (73).

Besonders ergötzlich sind die Ausführungen über den Gelehrten-stand, denn hier kennt sich der Autor aus, hat er doch etliche Jahre auf den Universitäten Herborn und Heidelberg zugebracht. Der Weg zu den Stätten der Weisheit führt über eine Zugangsprüfung: „Die erste Untersuchung bezog sich auf die Börse, das Gesäß, den Kopf und das Gehirn (das nach dem Nasenschleim beurteilt wurde) und schließlich auf die Haut, in der er stak. War nun der Kopf aus Stahl und das Gehirn darin quecksilbern, der Rücken bleiern, das Fell von Eisen und die Börse wohlgefüllt mit Gold, so erhielt er eine anerkennende Belobigung [...]"(79). Nachdem die Kandidaten den ersten Schliff erhalten haben, bekommen sie „ein Abzeichen, an dem man ihre Zugehörigkeit zu dem Gelehrtenstande erkennen sollte, ein Tintenfass an den Gurt, eine Feder hinters Ohr und in die Hand ein leeres Buch, um darin ihre Gelehrsamkeit aufzubewahren" (81). Nun steht ihnen ein „vierfacher Weg offen, zur Philosophie, Medizin, Jurisprudenz und Theologie", also die vier klassischen Fakultäten.

In den folgenden satirischen Kapiteln bekommt eine jede von ihnen ihr Fett ab. Zuerst werden die Philosophen in Augenschein genommen. Sie erweisen sich als eine Schar wunderlicher Greise mit seltsamen Schnurren, und den Pilger ergreift Entsetzen: „Bion saß ruhig da, Anacharsis wanderte umher, Thales flog, Hesiod pflügte, Plato jagte seinen Ideen nach, Aristoteles disputierte, Pythagoras schwieg, Epimenides schlief, Archimedes hob die Erde aus ihren Angeln, Solon schrieb Gesetze, Galenus Rezepte, Euklides maß den Raum, Kleobulos suchte die Zukunft zu ergründen, Periander teilte die Pflichten ab, Pittakus führte Krieg, Bias bettelte, Epiktet wartete auf, Seneca pries, selbst auf Tonnen Goldes sitzend, die Armen glücklich, Sokrates erklärte offen, dass er nichts wisse, Xenophon versprach einen jeden alles zu lehren, Diogenes guckte aus seinem Fasse und schmähte die Vorübergehenden, Timon verwünschte alle, Demokritos lachte, Heraklit weinte, Zeno fastete, Epikur schwelgte und Anaxarch erklärte alles nur für eitlen Schein" (93).

Als sich der Pilger abwenden will, sagt sein Führer, dass er eben ihre Geheimnisse nicht verstünde. Da trifft er schließlich auf Paulus von Tarsus, der ihm erklärt, dieser Welt Weisheit sei Torheit bei Gott. Denn es steht geschrieben: „Der Herr weiß der Weisen Gedanken, dass sie eitel sind" (94; I Kor 3,18-19).

Kurz gestreift werden die Vertreter der Rhetorik, die mit einem Pinsel ausgerüstet „eifrig die Art besprachen, wie man den geschriebenen oder gesprochenen Worten einen grünen, roten schwarzen, weißen oder beliebigen andern Anstrich geben könne". Auf die Frage, warum das getan werde, wird ihm bedeutet: „Um dem Gehirn des Zuhörers eine bestimmte Färbung zu verleihen" (95).

Wenn man für Färbung Stimmung einsetzt, hat man exakt die Beschreibung des Aristoteles aus seiner „Rhetorik". Dann werden die Alchimisten gehörig gezaust und als Scharlatane entlarvt, die nur auf Geld aus sind:

„obzwar sie niemanden zuließen, der nicht eine wohlgefüllte Börse hatte, so leerte sich doch diese erstaunlich schnell, sodass bald alles Geld daraus verschwunden war. So blieb ihm denn nichts anderes übrig, als die Versuche einzustellen oder sich anderwärts Geld auszuleihen" (110). Wer denkt da nicht an gewisse Geschäftemacher in der Gegenwart!

Wie zu erwarten, werden auch die Ärzte nicht verschont. Der Pilger sagt: „Nun sah ich, wie man Kranke mit inneren und äußeren Verletzungen, mit fauligen und schwärenden Gliedmaßen zu ihnen schaffte; sie traten hinzu, besahen und beschnüffelten die Wunden, die einen unerträglichen Gestank verbreiteten, wühlten bis zum Ekel in den nach oben und nach unten abgehenden Stoffen und nannten das die Untersuchung. Und nun begann ein Kochen, Sieden, Brühen, Beizen, Sengen, Kühlen, Brennen, Hacken, Schneiden, Stechen, Zusammennähen, Verbinden, Salben, Versteifen, Lockern, Abwaschen, Einreiben und weiß Gott was alles noch. Trotzdem starb ihnen ein großer Teil der Kranken unter den Händen [...]" (119). Nicht viel besser kommen die Rechtsgelehrten davon.

Nun betrachtet der Wanderer die verschiedenen Religionen und kann sich auch hier nicht genug wundern: „Man führte mich durch einen Gang auf einen Platz, wo viele Tempel und Kapellen von verschiedener Bauart sich befanden; eine Menge Volkes ging dort aus und ein. Wir [...] sahen überall geschnitzte und gegossene Götzenbilder, Männer, Frauen, Vögel, Schlangen, Bäume, Pflanzen, Sonne, Mond und Sterne, und aus allen Winkeln grinsten uns teuflische Fratzen an. Von den Eintretenden wählte ein jeder dasjenige Bild, das ihm am besten gefiel, kniete davor nieder, küßte es, streute Weihrauch und opferte" (124f.).

Das Befremden, das die heidnischen Kultformen erregen, ist nicht geringer bei den Hochreligionen. Hier fällt die Kritik am Judentum etwas blass aus; nur einige Kuriosa aus dem Talmud werden kurz erwähnt, und auch vom Islam weiß der Autor nicht viel mehr, als dass seine Gläubigen ihn vorzugsweise mit dem Schwert ausbreiten. Umso ausführlicher behandelt er die Christen, denn hier kennt er sich aus. Hier fällt besonders die Diskrepanz von sittlichem Anspruch und unsittlicher Praxis in die Augen: (So) „sah ich bald die, welche erst vor kurzem, wie sie sagten, Gott empfangen hatten (in der Eucharistie nämlich), sich in Saufgelage und

Händel stürzen, Unzucht treiben, Diebstahl und Raub verüben. Ich traute meinen Augen nicht, sah nochmals hin und fand nun, dass sie wirklich fraßen und soffen, haderten und rauften, einander mit Gewalt und List beraubten und schunden, [...] lärmten und tobten, hurten und die Ehe brachen, ärger als ich es sonst irgendwo gesehen [...]" (130).

Besonders arg treiben es ihre Priester: „hier wälzten sie sich schnarchend in ihren Betten, dort schwelgten sie an einer reich besetzten Tafel und stopften sich mit Speisen und Getränken voll, bis sie bewusstlos liegenblieben [...]" (132); das genügt wohl als Kostprobe aus einer Schilderung, die noch weiter ausgeführt wird. Genauso schlimm wie der Sittenverfall ihrer Geistlichen ist aber in der Sicht des Autors die Spaltung der Kirche in Konfessionen und Sekten: „Der eine erklärte das Feuer und das Wasser für sein Wahrzeichen, ein anderer hielt es für unerlässlich, mit dem Kreuzeszeichen stets bei der Hand zu sein [...]" (138). Ich kürze auch hier ab; die Schilderung ist aber durchaus treffend. Dagegen werden die wahren Christen als unansehnlich und verachtet charakterisiert.

Von den Hauptständen bleiben noch die Juristen, die ich hier nicht vorführen möchte, und die Soldaten, von denen wiederum die in einem Zeughaus aufbewahrten Waffen eingehend geschildert werden: „Da gab es mannigfache greuliche Werkzeuge von Eisen, Blei, Holz und Stein, welche zum Stechen, Hauen, Schlagen, Schneiden, Kneifen, Kopfspalten, Niedermetzeln, Brennen und Morden eingerichtet waren [...]. Ich fragte, gegen welches Raubtier man hier Vorkehrungen getroffen habe? ‚Gegen Menschen', lautete die Antwort", und als der junge Wanderer entsetzt ist, sagt sein Führer, „Du bist, mein Lieber, zu empfindsam" (155).

Es bleibt aber nicht bei der Betrachtung der Waffen. Der Pilger bekommt auch Gelegenheit, sie in der Anwendung bei einer Schlacht zu sehen: „Da sah ich, wie man viele mit abgehauenen Händen, Füßen, Köpfen, Nasen, zerschossenem Körper, zerfetzter Haut und blutbesudelt vom Schlachtfeld brachte. Als nun mein Führer sah, wie dieser Angriff mich ergriff, da sagte er: ‚Das heilt schon alles wieder, ein Soldat muss eben abgehärtet sein'" (158).

Auch der Adel oder der Ritterstand wird vorgeführt: „ich fand, dass ihre Hauptbeschäftigung [...] darin bestand, das Pflaster zu treten, die Beine

vom Pferd herabhängen zu lassen, Treibjagden auf Hasen und Wölfe mitzu-
machen, die Bauern zum Frondienst anzuhalten, [...] an einer langen, mit
Schüsseln reichbesetzten Tafel zu schwelgen, [...] Frauenhände zu lecken,
sich mit Dame- und Würfelspiel die Zeit zu kürzen, über schlüpfrige und
unzüchtige Dinge schamlos zu schwatzen und dergleichen mehr" (160 f.).

Endlich gelangt der Pilger auf das Schloss Fortunas und sieht dort die
sogenannten Glücklichen. Es überrascht nach dem Vorangegangenen nun
nicht mehr, auch diese vom Glück bevorzugten Menschen nur bei der
Völlerei anzutreffen und zu sehen, wie ihnen selbst ihr Reichtum, um den
sie andere beneiden, zur unerträglichen Last wird. Am Ende dringt der
Tod auch in diese Burg ein und räumt einen nach dem anderen weg (185).

Nach dieser Rundreise klagt der Pilger: „Weh mir! Gibt es denn nichts
auf dieser jämmerlichen Welt, was meine arme Seele trösten könnte?"
(186) Und er bekommt die Auskunft, dass seine Unzufriedenheit und
Sauertöpfischkeit an seinem Unglück schuld sei. Er solle doch einfach zum
Narren werden und mit den anderen Narren Freude empfinden (186) und
der Führer hält ihm vor, „warum hast du denn nicht meinen Rat befolgt,
den ich dir gleich im Anfang gegeben habe: alles glauben, nichts untersu-
chen, nichts prüfen, alles gutheißen, und alles billigen, nichts tadeln! Das
wäre ungefähr der Weg, auf welchem du in Frieden wandeln, die Gunst
der Menschen gewinnen und dir selbst genügen könntest" (187 f.). Das
wäre also der Rat, den die Weltklugheit zu vergeben hat.

Der Pilger kommt nun noch zur Königin dieser Welt und erlebt schließlich den Auftritt des weisen Salomo, der aber umgehend durch ein paar
Dirnen korrumpiert wird, zuvor verkündet er seine Einsicht, dass alles eitel
sei. Nach seinem vollendeten Rundgang durch diese Welt hört der Pilger
am Ende eine Stimme, die ihn aufruft: „Kehre um", und weiter: „Kehre
dahin zurück, von wo du ausgegangen bist, in deines Herzens Kämmerlein
und schließe hinter dir die Türe zu!" (222).

An dieser Stelle sei an den Titel des Werkes erinnert, und er soll in
seinem ganzen barocken Wortlaut angeführt werden: „Das Labyrinth der
Welt. Das ist eine klare Beschreibung, wie in dieser Welt und allen ihren
Dingen nichts herrscht als Irrung und Verwirrung, Unsicherheit und
Bedrängnis, Lug und Trug, Angst und Elend, und zuletzt Ekel an allem

und Verzweiflung, und das Paradies des Herzens. Das beschreibt, wie nur der, welcher zu Hause in seinem Herzen wohnet und sich mit Gott allein darin verschließet, zum wahren und vollen Frieden seiner Seele und zur Freude gelangt." –

In diesem Sinne schildert nun Comenius, wie der Pilger von Gott selbst aufgenommen wird und wie verwandelt ist. Nun wird er in die unsichtbare Kirche aufgenommen und erhält einen neuen Zaum und eine neue Brille, deren Einfassung das Wort Gottes und deren Glas der Heilige Geist ist. Nun sieht er in dem zweifachen Licht, dem des Glaubens und dem der gereinigten menschlichen Vernunft das wahre Bild der Welt und ihre wunderbare Ordnung. Schließlich ruft sich der Wanderer die christlichen Glaubenswahrheiten ins Gedächtnis in einer Art Katechismus von schlichtestem Zuschnitt. Zwei Mittel gegen allen Schmerz werden genannt: der Gedanke an die ewige Seligkeit und an die ständige Gegenwart Gottes (265). Das Buch endet mit einem Gebet, das in den Worten ausklingt: „Dein guter Geist geleite und führe mich wie auf ebenem Boden durch die Versuchungen der Welt hindurch, und Deine Barmherzigkeit bringe mich auf meinen Wegen durch die bangen Finsternisse dieser Welt bis zu dem ewigen Lichte." (279)

So endet die Pilgerfahrt mit einem Aufruf zur Innerlichkeit und gemahnt an das verbreiteteste christliche Erbauungsbuch, die „Nachfolge Christi". Wer, von der Welt enttäuscht, es mit der Religion versuchen will, speziell mit der christlichen, der lese diesen erbaulichen Schluss. Hier wird in einer schlichten Sprache und mit einer Direktheit, die heute kaum ein Prediger wagen würde, von der christlichen Hoffnung gesprochen. Natürlich ist das nicht so intellektuell und interessant wie bei Rahner und Küng, aber es ist treuherzig und ehrlich.

Wer solches mag, der soll es mögen, und ihm soll dieser Weg nicht bekrittelt werden. Comenius selbst blieb hier nicht stehen, und nach der offenbar nötigen Einkehr in die Innerlichkeit – die seine Selbsttherapie war – lebte er ein höchst tätiges Leben. Zweimal noch wurde ihm eine Familie geschenkt – auch darin gleicht er dem biblischen Job, welches Buch auch jahrhundertelang als Trostbuch gelesen wurde.

Die Frage ist, warum diese Zeit eine andere Therapie braucht.

Hartmann von Aue
Erec und Enide

Was war das größte Unglück des Mittelalters? Mit hoher Wahrscheinlichkeit ist es der Name, den diese Epoche erhalten hat. Er suggeriert dem Betrachter, dass es vorher eine Zeit historischer und kultureller Größe gegeben habe, das Altertum, und dass dann nach langen ereignislosen und uninteressanten Jahrhunderten, dem „finsteren Mittelalter", endlich die Neuzeit mit ihrer Befreiung des Individuums von geistlicher und weltlicher Unterdrückung, mit der Entdeckung fremder Weltteile und mit dem technischen und wissenschaftlichen Fortschritt angebrochen sei, welcher Fortschritt der Menschheit noch einen Aufstieg in bisher ungekannte Höhen ermöglichen werde. Dieser Optimismus wird heute nicht mehr einhellig angenommen, aber an dem Urteil über das Mittelalter hat sich noch wenig geändert.

Dabei hat es an Gegenstimmen von wirklichen Kennern der Geschichte nicht gefehlt. Ein frühes Beispiel ist Jacob Burckhardt. Er wendet sich entschieden dagegen, das Mittelalter als eine bloße Zwischenzeit anzusehen. Er schreibt in den „Historischen Fragmenten": „[...] das Mittelalter war die Jugend der heutigen Welt, und eine lange Jugend. Was uns lebenswert ist, wurzelt dort" (HF 46), und er ist überzeugt, „dass die Kunde vom Mittelalter mit zum Teuersten gehört, was wir besitzen, nämlich zu der großen allgemeinen Kunde von der Kontinuation des Geistes, welche uns von den Barbaren (auch den sehr modernen) unterscheidet" (HF 38) (Ausg. der Anderen Bibliothek, Nördlingen 1988).

Wenn man nun die Frage stellt, was aus diesen Jahrhunderten zwischen dem Ausgang der Antike und dem Beginn der Neuzeit auch noch für heute und speziell für Ihren Kreis kenntniswürdig ist, so sind es vielleicht nicht die großen Händel zwischen Kaiser und Papst, die endlosen Streitigkeiten um die Einsetzung von Bischöfen, die städtischen Auseinandersetzungen um Zölle und Abgaben, die Mühlenprozesse und all der historische Kleinkram, den die Edition immer neuer Quellen wie der Spaten der Ausgräber jetzt zugänglich macht, aber die Entwicklung des theologischen und philosophischen Denkens ist es sicher. Hier wurde eingeübt und vorgedacht, was dann in den Kämpfen der Reformationszeit wie in der neuzeitlichen Wissenschaft und Technik nur aus der Verborgenheit ans Licht trat. Wenn auch hiervon das meiste nur demjenigen zugänglich ist, der sich in langer Arbeit darum bemüht hat, so gilt das nicht in dem Maße für die große Dichtung jener Zeit.

Von bleibendem und immer neuem Interesse, gerade für die Tiefenpsychologie, ist jener unerhörte Ausbruch literarischer Produktivität, den die Literaturgeschichte als die „Hochhöfische Epik" beschreibt, und dessen Blüte in die wenigen Jahrzehnte zwischen 1180 und 1220 fällt. In dieser Periode einer vorher ungekannten und danach nie wieder erreichten Fruchtbarkeit entstand das Werk Hartmanns von Aue, Wolframs von Eschenbach, Gottfrieds von Straßburg sowie das von einem unbekannten Verfasser stammende Nibelungenlied. Hinzu kommt eine ausgedehnte lyrische Dichtung, von der die Minnelieder noch die bekanntesten sind.

Aus dieser umfangreichen und zum größten Teil sehr hochstehenden Literatur möchte ich Ihnen heute nur ein Werk vorstellen, den Erec des Hartmann von Aue. Diese nur in einer einzigen Handschrift und einigen Fragmenten erhaltene Versdichtung stammt etwa aus den Jahren 1180 bis 1185 und gilt als der erste deutsche Artusroman.

Die mittelalterliche Dichtung stellt das Vollkommene häufig durch das Symbol des Runden oder des Kreises dar. So gibt es den Karlskreis, der aus dem Kaiser Karl dem Großen und seinen Paladinen gebildet wird, den Etzelkreis und die Tafelrunde des Königs Artus – ferner den Gral, über den wir vielleicht bei anderer Gelegenheit sprechen werden.

Von den zuerst genannten Kreisen haben nur der Karlskreis und der um König Etzel einen historischen Hintergrund, der Kreis um Artus jedoch (fast) nicht. Denn wie sollte man sonst die Tatsache einschätzen, dass da um 500 ein Stammeshäuptling in England lebt, der sich in den Kämpfen gegen die erobernden Angeln und Sachsen hervorgetan und eine große Zahl von ihnen mit eigener Hand erschlagen haben soll, der aber zuerst, und das nur ganz kurz genannt wird, in einer Chronik vom Ende des 8. Jahrhunderts vor (bei Nennius), und dann noch einmal in der „Historia regum Britanniae" des Gaufrid von Monmouth um 1136. Als Sagengestalt ist Artus aber schon mit den englischen Flüchtlingen aufs europäische Festland gelangt, die um 600 in die nach ihnen benannte Bretagne kamen. Hier bildet sich dann ein umfangreicher, matière de Bretagne, genannter Sagenstoff heraus, aus dem offenbar der erste dichterische Bearbeiter dieser Gestalt, Chrestien de Troyes, geschöpft hat.

Um 1160 ist seine Versdichtung von Erec und Enide entstanden, auf der die zwischen 1180 und 1185 vollendete Übersetzung, Nachdichtung und teilweise Neuschöpfung des Hartmann von Aue beruht, über die ich Ihnen etwas mitteilen möchte. Von diesem Dichter, der offenbar aus dem alemannischen Sprachraum kommt, gibt es noch einige andere Werke: das „Büchlein", ein Dialog zwischen Herz und Leib über die Minne, die Verslegende des „Gregorius", die Verserzählung „Der arme Heinrich", mehrere Gedichte und der gleichfalls auf einer Vorlage des Chrestien von Troyes beruhende „Iwein", der ein weiterer Artusroman ist.

Vom Leben Hartmanns ist so gut wie nichts bekannt, außer was er selbst in den Anfangsversen seiner Dichtungen mitteilt: dass er „Dienstmann", also Ministeriale, d.h. wohl Verwaltungsbeamter eines Herrn von Aue war, und dass er eine gelehrte Ausbildung genossen hat, wahrscheinlich in der Klosterschule auf der Reichenau. Bekannt ist ferner, dass er nach dem Tode seines Dienstherrn, mit dem ihn offenbar ein Verhältnis der Verehrung verband, am Kreuzzug Friedrich Barbarossas 1189 / 91 teilgenommen hat. 1210 wird er im „Tristan" Gottfried von Straßburgs noch als lebend erwähnt. Sein Todesjahr ist nicht bekannt.

Chrestien de Troyes ist also der Schöpfer der Artusdichtung, und sein Hauptmotiv des Artushofes und der Ritterrunde hat über die französische und deutsche Dichtung des Mittelalters hinaus noch über Jahrhunderte fortgewirkt, insbesondere in der angelsächsischen Literatur. Zu erwähnen sind hier Thomas Malory (gest. 1471), Spenser mit seiner „Faerie Queen" (um 1590) bis hin zu viktorianischen Dichtern wie Tennyson, Arnold, Morris und Swinburne. Erstaunlicherweise findet sich unter den Nachfahren der Artus-Dichter auch ein Amerikaner, E. A. Robinson (1869-1935) von dem es die Arthur-Geschichten „Merlin" (1917) und „Lancelot" (1920) gibt. – Die erste deutsche Artus-Dichtung ist aber, wie erwähnt, der Erec Hartmanns von Aue, dem wir uns jetzt allein zuwenden wollen.

Die Dichtung gliedert sich klar in zwei Teile, die man als die erste und die zweite Ausfahrt des Helden bezeichnen könnte. Zwischen beiden Teilen besteht eine strenge Symmetrie, und in beiden wird eine Reihe sich steigernder Abenteuer, aventiuren, gezeigt. Die Anfangszeilen des Erec sind verloren, der Beginn der Handlung kann aber nach der Vorlage des Chrestien ergänzt werden.

Danach verlässt König Artus seinen Hof in Karadigan, um den weißen Hirsch zu jagen. Der Jagdgesellschaft folgt die Königin Ginover, begleitet von Hofdamen und dem jungen Ritter Erec, der ein Neffe des Königs ist und selbst Sohn eines Königs namens Lac. Die Gruppe bemerkt in der Ferne einen fremden Ritter, begleitet von einer Dame und einem Zwerg. Die Königin sendet eine ihrer Hofdamen aus, um nach dem Namen dieser Herrschaften zu fragen. Der Zwerg antwortet jedoch äußerst grob und schlägt die Hofdame mit einer Peitsche. Nun wird Erec ausgesandt, dem aber dieselbe Behandlung widerfährt. Durch diesen Schlag des Zwerges im Angesicht der Königin verliert Erec seine Ehre, d. h. er ist nicht mehr artuswürdig. Er reitet umgehend fort, um seine Ehre durch irgendwelche aventiuren, also Heldentaten, wiederherzustellen. Damit beginnt die Handlung des ersten Teils.

Den Bericht darüber will ich kurz fassen und nur die wesentlichsten Ereignisse erwähnen. Erec reitet also fort und kommt schließlich zu einer halb verfallenen Burg, wo er um ein Nachtquartier bittet. Dort lebt nur der alte Burgherr, seine Frau und deren Tochter, die so geschildert wird:

Das Mädchen war schön von Gestalt,
Ihr Kleid war grün,
ganz und gar zerrissen
und überall abgeschabt.
Ihr Hemd darunter war schmutzig
und an vielen Stellen zerrissen,
dort schimmerte ihr Körper
schwanenweiß hindurch.
Man sagt, dass niemals ein junges Mädchen
eine so vollkommene Gestalt gehabt habe. (323-332)

Das Mädchen versorgt auf Geheiß des Vaters das Pferd des Gastes und dieser wird nach den bescheidenen Möglichkeiten des Hauses aufgenommen, wobei aber die Armut der Gastgeber durch deren vollkommene Höflichkeit aufgewogen wird. So kommt es, wie es kommen muss: Erec verliebt sich in die Tochter seiner Gastgeber, Enite, aber seine Werbung wird zuerst wie ein Spott aufgenommen. Bald kann er sie jedoch von der Ernsthaftigkeit seiner Ansicht überzeugen. Er gewinnt einen Sperber in ritterlichem Wettstreit und besiegt den Ritter Iders, zu dessen Gefolge der Zwerg gehört, der ihn beleidigt hatte. Der Zwerg bekommt Prügel, und der besiegte und versöhnte Ritter Iders wird als Bote zurück an den Artushof gesandt. Der bloße Anblick der schönen Enite hatte bewirkt, dass sich die Kräfte des Erec im Turnier verdoppelt haben. (939)

Der besiegte Ritter Iders begibt sich also an den Artushof und entschuldigt sich dort bei der Königin für die Grobheit des Zwergen, wofür er im Kampf mit Erec gebüßt habe. Zugleich kündigt er die Ankunft des Erec mit dem allerschönsten Mädchen an (1259).

Erec und Enite treffen am Hofe ein, und der König und die Königin lassen zu einem großen Fest rüsten, um ihnen die Hochzeit auszurichten, was der verarmte Vater der Braut nicht vermocht hätte. Die Königin selbst sorgt für die Ausstattung der Braut: „Schönes Mädchen, Ihr sollt andere Kleider bekommen" (1530 f.). Weiter heißt es:

Die mächtige Königin führte sie
in ihre Privatgemächer.
Dort wurde ihr ein Bad bereitet,
und nach ihrer Mühsal
wurde sie köstlich gebadet.
Die gekrönte Herrin
kleidete ihren lieben Gast ein,
denn ein kostbares Gewand lag bereit.
Mit eigener Hand nähte sie
das Mädchen in ein Hemd ein,
das von weißer Seide war. (1532-1543)

Wie ist das vorzustellen? Die Königin nimmt selbst die Nadel in die Hand, um durch ein paar Abnäher an den passenden Stellen die Schönheit des Mädchens plastischer hervortreten zu lassen.

Es wird nun das festliche Gewand der Braut in aller Umständlichkeit geschildert, wie es das damalige Publikum offensichtlich liebte, und es werden alle die auserwählten Gäste aufgezählt, die an dem Fest teilnehmen. Erec sendet Reichtümer an seinen Schwiegervater, um ihn aus der unverschuldeten Armut zu erlösen, und fordert ihn auf, mit seiner Frau in das Land seines Vaters zu reisen, das Destregales heißt (1819), um dort Wohnung zu nehmen. Mit Ungeduld erwartet er die Eheschließung:

Die Tage kamen ihm zu lang vor,
dass er länger
auf ihre Liebe
als bis zur nächsten Nacht warten sollte. (1847-1850)

Schließlich lädt Artus zu dem großen Hochzeitsfest auf sein Schloss, und es kommen viele auserwählte Gäste, von denen allein der Graf Brandes von Doleceste 500 Mann Gefolge mitbringt (1909). Dann folgt die Trauung:

Zusammengegeben wurden sie
von einem Bischof
aus Cantwarje in England (2123-2125).

Warum gerade aus England und aus Cantwarje (Canterbury)? Ich erkenne darin eine Anspielung auf den berühmtesten Inhaber dieses bischöflichen Stuhls, Anselm von Canterbury (gest. 1109), der mit seinen einflussreichen theologischen Werken als der Vater der Scholastik gilt, aber auch politische Missionen übernahm und im Konflikt mit dem König zweimal nach Frankreich emigrieren musste. – Um diese Anspielung zu würdigen, stelle man sich eine Eheschließung in einem Roman der ersten Hälfte dieses Jahrhundert vor und dann die Bemerkung: „Karl Barth hat sie getraut."

Das Fest nimmt seinen Verlauf und wird umständlich geschildert. Zum Schluss werden auch die Spielleute fürstlich entlohnt,

Dreißig Mark Goldes
gab man manch einem,
der vorher nie
ein halbes Pfund besessen hatte. (2177-2180)

Vierzehn Tage währt das Fest, und schließlich will man aufhören, aber der König verlängert das Fest um weitere vierzehn Tage, denn das ist das Leben des Artushofes: glanzvolle Feste, Turniere und Jagden. Von Kriegen ist nicht die Rede.

Endlich, nach einem glanzvoll bestandenen Turnier, nimmt Erec Abschied vom Artushof (2180) und reist in seines Vaters Land Destregales (2865), das er verlassen hatte, als er noch ein Kind war. Der Vater, durch einen Boten benachrichtigt, reitet ihm mit 500 Dienstmannen drei Tagereisen entgegen (2896). Überglücklich werden Erec und Enite von den Eltern aufgenommen. Damit schlägt die Stimmung um. Denn bald erhebt sich Tadel:

Nachdem er jetzt zu Hause ist,
wendet er alle seine Gedanken
an die Liebe Enites.
Sein Verstand richtete sich nur darauf,
wie er alles
zu seiner Bequemlichkeit einrichten könne.
Er änderte seine Gewohnheiten.
Als sei er nie ein Mann geworden,
so vertrieb er den Tag.
Morgens legte er sich nieder,
um seine Frau zu lieben,
bis man zur Messe läutete.
Dann standen sie beide eilig auf.
Sie nahmen sich bei der Hand
und gingen zur Kapelle;
dort blieben sie gerade so lange
wie man die Messe sang.

Das war seine größte Mühe,
dann war schon das Essen fertig.
Sobald man die Tische hochgezogen hatte,
eilte er mit seiner Frau
von den Leuten weg ins Bett.
Da ging die Liebe von neuem an.
Von dort kam er nicht mehr weg,
bis er zum Abendessen ging." (2929-2953)

Was hier mit aller Drastik geschildert wird, ist gewissermaßen die größte Sünde, die ein Ritter begehen kann: das verligen. Erec ist sich seines Zustands so wenig bewusst, dass er erst darauf aufmerksam wird, als das Gesinde schon lange über ihn lästert und Enite sich laut darüber beklagt, als sie ihn schlafend wähnt. Da erwacht Erec aus seiner Benommenheit und handelt sofort: Er lässt Enite ihr bestes Gewand anziehen und gibt vor, spazieren reiten zu wollen. Allein verlassen die beiden die Burg. Das ist die zweite Ausfahrt des Helden und der Beginn des zweiten Teils. Dieser Ausritt beginnt unter merkwürdigen Umständen. Erec befiehlt seiner Frau Enite, vorauszureiten, und verbietet ihr bei Todesstrafe das Reden:

sie dürfe auf der Fahrt ihren Mund
zum Sprechen nicht auftun,
was immer sie hörte
oder sehe. (3099-3102)

Die Fahrt hat zunächst kein konkretes Ziel:

Ziellos nach aventiure
ritt der tapfere Ritter Erec.
Der Weg führte sie
in einen dichten Wald. (3111-3114)

Im Walde befinden sich, wie könnte es anders sein, natürlich drei Räuber. Die trachten ihnen sogleich nach dem Leben und haben schon die Beute untereinander verteilt. Enite bemerkt sie als erste. Aber was soll sie tun? Sie ist in einem furchtbaren Konflikt: Tut sie den Mund auf, um den Gefährten zu warnen, verfällt sie der Todesstrafe. Sagt sie nichts und bleibt gehorsam, dann fallen sie beide den Räubern zum Opfer. In diesem Zwiespalt entscheidet sie sich gegen den Gehorsam und für die triuwe: Sie warnt Erec, und der erschlägt die Räuber.

Anstatt nun dankbar zu sein, erlässt er ihr zwar die Todesstrafe, lässt sie aber wie einen Knecht die von den Räubern erbeuteten Pferde führen. So gelangen sie schließlich in eine Herberge, wo Erec den Wirt mit einem der Pferde bezahlen will. Zuvor aber setzen sie sich zum Abendessen nieder, wobei Enite am entferntesten Ende der Tafel Platz nehmen muss, als gehörte sie gar nicht zu ihrem Ehemann. – Bemerkenswert ist auch der Kommentar, den Erec zum Handeln seiner Frau abgibt:

Was ich bisher von Frauen nur gehört habe,
das finde ich jetzt
bestätigt:
Was immer man ihnen bisher
streng verboten hatte,
sie gaben sich die größte Mühe,
es dennoch zu probieren.
Es ist ja ganz umsonst,
wenn man euch etwas untersagt,
denn das reizt euch dann so,
dass ihr es nicht unterlassen könnt:
dafür sollt Ihr Eure Strafe empfangen.
Was eine Frau niemals täte,
solange niemand es ihr verboten hat,
das tut sie sofort,
sobald es ihr verboten worden ist;
dann nämlich kann sie es nicht mehr lassen. (3242-3258)

Sollte diese populäre Psychologie der Frau heutzutage gänzlich vergessen worden sein, oder wird sie nicht immer noch irgendwo vorgebracht?

Aber zurück zu unserem wandernden Paar: Erec wiederholt sein Verbot und knüpft es an dieselbe Strafandrohung, und wieder bekommt Enite einen dringenden Anlass, es zu übertreten. Beim Weiterreiten durch den Wald geraten sie diesmal gleich an fünf Räuber. Auch hier warnt Enite den Gatten, denn sie hat sie zuerst bemerkt. Er tötet auch diese gesamte Bande, und er halst Enite wiederum deren Pferde auf, so dass sie nun schon eine ganze Herde zu bewältigen hat. Aber es gelingt ihr, denn die Pferde sind unter ihrer Hand lammfromm, und das Dank eines direkten Eingreifens Gottes, durch gotes hövesscheit (3461), was man wohl als „Gottes Höflichkeit" – d.h. Höfisches Benehmen – übersetzen soll.

Das ist schon ein seltsames Gottesbild, wenn hier Gott nach der Weise eines Königs als des vollendetsten Hofmannes vorgestellt wird. Oder sind die Begriffe am Ende gar austauschbar? Jedenfalls besteht jeder Anlass, die Attribute des Königs Artus daraufhin noch einmal genauer anzusehen, inwiefern ihm tatsächlich göttliche Eigenschaften zuerkannt werden. Eine spätere Stelle wird dazu vielleicht näheren Aufschluss geben.

Im Wirtshaus essen Erec und Enite, wie schon erwähnt, getrennt, und sie schlafen auch getrennt (3951). Nach ihrem erneuten Aufbruch wiederholt sich der Konflikt für Enite, und wieder entscheidet sie sich dafür, notfalls ihr Leben aufs Spiel zu setzen, um das ihres Mannes zu retten. Der Dichter sieht sich veranlasst, eigens zu begründen, weshalb Enite zu ihren Warnungen imstande war:

Nun sollte niemand sagen:
„Woher kam es, dass die Dame
besser hören und sehen konnte?"
Ich will Euch sagen,
wodurch das möglich war:
die Dame ritt ohne Bewaffnung,
er aber trug die volle Rüstung,
wie es sich für einen tapferen Ritter gehört.
Darum konnte er in seiner Rüstung
weder so gut hören noch so gut sehen,
als wenn er ungerüstet gewesen wäre. (4150-4159)

Mir scheint, diese Einsicht ist verallgemeinerungsfähig. – Bald droht ihnen wieder eine Gefahr, diesmal von einem besonders kleingewachsenen Ritter, der aber dessen ungeachtet ein gewaltiger Kämpfer ist. Es ist Guivreiz der Kleine, König von Irland. Auch mit ihm besteht Erec einen längeren Kampf, aus dem er siegreich, aber verwundet hervorgeht. Im Gegensatz zu den Kämpfen mit den Räubern wird aber dieser Gegner nicht getötet, sondern am Ende befreunden sich die Helden, nachdem auch Erec seine Herkunft als Königssohn offenbart und damit seine Ebenbürtigkeit erwiesen hat. Damit ist das Prinzip aller ritterlichen Kämpfe genannt: Das Ziel ist nicht der Tod des Gegners, sondern der Sieg, denn es geht nur um ein Messen der Kräfte.

Der aus dem letzten Kampf gefährlich verwundet hervorgegangene Erec gelangt nun auf dem Weg zurück zum Hof des Königs Artus an einen Ort, an dem ihm dieser entgegengeeilt war (ich übergehe die Zwischenepisode des Boten). Artus und die Königin empfangen Erec und Enite mit Auszeichnung (5094). Die Königin führt Enite in ihre Privatgemächer und hört ihren Bericht, und auch für den verwundeten Erec wird gesorgt: Die Königin selbst bringt ihm ein besonders heilkräftiges Pflaster,

(das) gut für Wunden war.
Manch zu Tode Verwundeter war durch es geheilt worden.
[...] und die davon geheilt wurden,
die schützte es vor Narben,
so dass der Körper glatt war,
als hätte es nie eine Wunde gegeben." (5134-5147).

Ausführlich wird die Herkunft dieses wundertätigen Pflasters geschildert:

Famurgan,
des Königs Schwester hatte es dort hinterlassen,
vor langer Zeit, als sie starb.
Welch eine große Wissenschaft
und seltsame Kenntnisse gingen mit ihr verloren!
Sie war eine Göttin gewesen.

Man kann die Wunder nicht aufzählen,
sondern muss die meisten verschweigen [...].
Wenn sie ihre Zauberkünste spielen ließ,
so war sie in kurzer Zeit
um die ganze Welt gefahren
und kam gleich wieder zurück [...].
In der Luft konnte sie sich wie auf der Erde
zur Ruhe schwebend aufhalten,
konnte auf dem Wasser und darunter leben [...].
Wenn sie wollte, verwandelte sie einen Menschen
in einen Vogel oder ein wildes Tier [...]."

Die Schilderung ihrer wunderbaren Fähigkeiten geht noch über viele Vers-zeilen so weiter, bis es heißt:

Die Erde trug kein Kraut,
dessen Kraft ihr nicht bekannt war [...]. (5156-5214)

Soviel also über Famurgan, die „verstorbene" – oder sollte es nicht eher heißen, die „verborgene" Schwester des Königs Artus. Das ist nun eine seltsame Verwandtschaft, und von den Attributen dieser großen Zauberin oder besser Großen Göttin her müsste auch die Gestalt des Artus verstanden werden, der dann wahrlich mehr wäre als ein alter britannischer Häupt-ling und Schlagetot. Nach seiner Heilung bricht Erec sofort wieder auf, obwohl alle betrübt sind und der König selbst ihn halten will.

Der Ritter Erec ritt
wie ihn der Weg führte,
er wusste selbst nicht, wohin.
Er wollte nur an einen Ort,
wo er aventiure finden könnte. (5288-5292)

Bald erhält er Gelegenheit dazu, denn er trifft auf eine Frau in großer Not. Deren Mann ist von zwei Riesen verschleppt worden, die ihn unterwegs misshandeln. Erec tötet die Riesen und befreit ihren Gefangenen, der sich Cadoc nennt aus dem Lande Tafriol (5645). Er verweist Erec auf das Land Britanje: in keinem anderen könnte er solchen Ruhm erwerben (5685). Aber der letzte Kampf war so gefährlich, dass Erec halbtot bei Enite ankommt. Sie wirft sich über ihn und rauft die Haare und misshandelt sich selbst, wie es nach Meinung des Dichters die Art der Frauen ist. Darum sagt er:

[...] verflucht sei,
wer Frauen Leid antut. (5770-5772)

Enite aber klagt sich an, dass sie selbst mit ihrer Bemerkung wegen des verligens diese ganze Irrfahrt ausgelöst hat, und sie wünscht sich den Tod (5955 ff.) Da erscheint ein Ritter auf der Bildfläche, der den wie tot daliegenden Erec auf einer Bahre zu seiner Burg tragen lässt. Dort wird er als vermeintlich Toter aufgebahrt, und der Ritter umwirbt heftig die hinterbliebene junge Frau. Schon lässt er ein Fest herrichten, aber Enite verweigert das Essen. Da schlägt sie der Graf mit der Faust. Auf das laute Klagen Enites hin kommt Erec wieder zu sich und erhebt sich von der Bahre. Er reißt ein Schwert von der Wand und erschlägt den zudringlichen Hausherrn und zwei weitere.

Dann findet er sein Pferd wieder und beide machen sich wieder auf den Weg. Nun ist es Enite, die den Weg kennt, denn Erec war ja zuvor bewusstlos. Dann berichtet Enite, was ihr gerade wiederfahren war, und Erec erkennt ihre Treue. So ziehen sie weiter bis zu einer Buche, unter der sie ihr Nachtlager bereiten, und Erec und Enite schlafen erstmals wieder vereint (7095-98). Darauf halten sie Einkehr auf der Burg Penefrec des Freundes Guivreiz des Kleinen, und zwei Schwestern dieses Königs heilen die Wunden Erecs, wobei sie auch ein Stück von dem Pflaster verwenden, das Famurgan, die Schwester des Königs Artus, hinterlassen hatte (7225). Ginover hatte es geschickt.

Erecs Genesung braucht vierzehn Tage, dann brechen sie wieder auf. Enite erhält ein wunderbares Pferd zum Geschenk, das in Hunderten von Verszeilen geschildert wird. Auch das Sattel- und Zaumzeug weist viele Verzierungen auf, und der Bericht über die vielfältigen bildhaften Darstellungen gibt dem Dichter Hartmann die Gelegenheit, seine Belesenheit in der klassischen Literatur auszubreiten. Das soll uns hier nicht beschäftigen.

Vielmehr kommen wir gleich zum letzten und gefährlichsten Abenteuer, das Erec noch zu bestehen hat. Er gelangt zu einer viereckigen Burg mit 30 Türmen (7820 ff.), vor der Guivreiz Erec nachdrücklich warnt. Ihr Name sei Brandigan, und Erec solle besser umkehren (7959), denn viele tapfere Ritter seien dort schon zu Tode gekommen. Natürlich lässt sich Erec nicht abschrecken, zu der Burg zu reiten. Aber er gibt nichts auf die Warnungen wie auf das Gemurmel der Weiber. Auch wird ausführlich dargetan, dass er nicht abergläubisch sei und auch auf seine Träume nichts gebe:

> was er träumte
> war für ihn bedeutungslos;
> er achtete nicht abergläubisch auf das Wetter;
> es war ihm gleich,
> ob er des Morgens über den Weg
> eine Eule oder einen Habicht fliegen sah;
> auch ließ er niemals
> ein Reisigfeuer machen,
> um sich daraus Wahrsagen zu lassen.
> Er trieb keine geheimen Künste;
> vielmehr stand es so um ihn,
> dass es ihm gleichgültig war,
> ob seine Handlinien eng oder weit verliefen [...]. (8126-8138)

Erec reitet also auf die gefährliche Burg zu. Er findet dort 80 trauernde Damen in einer prächtigen runden Kemenate (8206 ff.). Das sind die Frauen der Ritter, die bisher schon hier ihr Leben verloren haben. Erec hört von dem furchbaren Ritter, der sie zu Tode gebracht hat. Er will mit ihm kämpfen, aber zuvor ruht er erst eine Nacht auf der Burg aus, und Erec und Enite schlafen zum ersten Mal wieder miteinander:

Erec und Enite
waren glücklich
als sie zusammenlagen
und sich der Liebe hingaben
bis der Morgen kam." (8615-8619)

Am Morgen hört Erec die Messe und nimmt das Abendmahl. So gestärkt reitet er zu dem Zaubergarten, in dem ihn sein letztes und gefährlichstes Abenteuer erwartet. Mit diesem Garten hat es eine besondere Bewandtnis: Obwohl er weder durch Gitter oder Mauern gesichert ist, gibt es nur einen einzigen Zugang, der hineinführt. Innen im Garten umgibt Erec eine Wunderwelt. Zuvor ist aber noch zu beachten, dass es eine Vierergruppe ist, die zu dem Garten reitet: Erec, Enite, Guivreiz und der Burgherr. Nun zu dem Garten: Da gibt es Bäume, die auf der einen Seite Frucht tragen und auf der anderen in Blüte stehen (8719 f.). Obst konnte man essen, soviel man wollte, aber nichts aus dem Garten heraustragen. Es werden dann noch die Blumen und die Vögel des Gartens geschildert, kurz: es handelt sich um ein (oder das?) Paradies.

Im Garten hat Erec zunächst eine seltsame Begegnung: er trifft vor einem Zelt auf eine Frau, die ganz prächtig gekleidet ist,

[...] von der sein Herz ihm sagte,
dass er im Leben
außer Enite
noch nie eine schönere gesehen hatte. (8926-9820)

Erec bindet sein Pferd an einen Baum und redet die Frau höflich an, indem er sie fragt, wie sie hierhergekommen sei. Aber noch ehe er eine Antwort erhält, ertönt eine furchtbare Stimme, und es erscheint ein schrecklich anzusehender Ritter auf einem roten Pferd und mit einer roten Rüstung (9015 ff.). Der bedroht Erec sogleich, und er weist auf achtzig Pfähle hin, auf denen ebensoviele Köpfe stecken, nämlich die Häupter der von ihm im Kampf erschlagenen Ritter. Der 81. Pfahl warte auf Erecs Haupt. An diesem Pfahl aber hängt jetzt noch ein Horn ...

Nun beginnt der furchtbare Kampf zwischen Erec und dem roten Ritter. Der Kampf währt viele Stunden. Schließlich werden die Schwerter glühend, und Erecs Schwert zersplittert von den mächtigen Hieben. Da wirft er den Rest nach seinem Gegner und stürzt sich mit den Händen auf ihn, um ihn im Ringkampf zu bezwingen. Das gelingt ihm nach vielen Mühen, wobei er sich immer wieder neue Kräfte holt durch den Anblick seiner Frau (9170). Am Ende gelingt es Erec, den Gegner niederzuringen.

Auch ihn tötet er nicht. Als er sich ihm zu erkennen gibt als Sohn des Königs Lac von Destregales, da sieht ihn der rote Ritter als ebenbürtig an und ergibt sich. Erec schenkt ihm das Leben, und sie werden Freunde. Nun folgt der Bericht des überwundenen Ritters Mabonagrin: Es war seine Frau, die ihn in dem goldenen Käfig des Gartens festgehalten hat. Aus Furcht, ihn an eine andere Frau zu verlieren, hat sie ihn so gefangengesetzt, und er in seiner Wut konnte nur immer wieder die anderen Ritter töten, die ihn aufgesucht haben. Achtzig hat er schon erlegt, und der einundachtzigste Kampf bildete seine erste Niederlage und zugleich seine Erlösung. Nun kann Erec das Horn ergreifen, das an dem 81. Stamm hängt, und er verkündet mit drei Hornstößen seinen Sieg.

Damit ist der böse Zauber aufgehoben. – Inzwischen tröstet Enite die Frau des Ritters Mabonagrin und entdeckt dabei, dass es sich um eine nahe Verwandte von ihr handelt, eine Kusine. Beide sind sie in der Stadt Lut geboren (9724). Sie fallen einander um den Hals und sind glücklich über den guten Ausgang. Erec lässt die Häupter der erschlagenen Ritter von den Stangen nehmen und ehrenvoll begraben. Nun ist die Freude des Hofes wiederhergestellt. Erec tröstet auch die achtzig Witwen und führt sie an den Hof des Königs Artus. Dort legen sie ihre Trauerkleider ab und werden in festliche Gewänder gekleidet, das heißt, sie sind nach der Erstarrung ihrer Trauerzeit nun dem Leben wiedergegeben.

Wieder glücklich am Artushof angelangt, erfährt Erec vom Tod seines Vaters. Da nimmt er endgültig Abschied von König Artus und von Guivreiz dem Kleinen. Der geht zurück in sein Reich nach Irland, und Erec reist in sein Land Karnant. In der Heimat, wo sie schon die dort lebenden Eltern Enites erwarten, werden sie festlich empfangen, und ein langes und glückliches Leben erwartet sie. Damit endet das Epos, und soweit dieser Bericht. Nur ein Zug aus der letzten Episode soll noch nachgetragen werden aus dem Bericht des Ritters Mabonagrin. Er spricht dort über seine Gemeinschaft mit seiner Frau:

Wie könnte eine Gemeinschaft
zwischen Mann und Frau
Liebe hervorbringen,
wenn sie nur körperlich
Freunde
aber geistig uneins sind [...]." (9510-9515)

So belehrt der überwundene Ritter, der nun der Freund des Erec ist, diesen über den Sinn der Ehe. Damit ist das eine große Thema des Werkes zum Schluss noch einmal angeschlagen; denn man lasse sich nicht täuschen: Die vielen Kämpfe und Abenteuer sind nur vordergründig in dieser Dichtung. Ihr eigentlicher Gegenstand ist das Weibliche und das Verhältnis zwischen Mann und Frau. Ich meine, diese Dichtung, die über weite Strecken so märchenhaft anmutet und wie eine Traumerzählung, kann auch auf der Subjektstufe verstanden werden, und dann kreist sie um das eine große Thema der Anima. Dann ist es ein innerer Kampf und eine innere Versöhnung, die die Aufgabe des Helden sind.

Damit wird auch die „crux interpretationum" gelöst, die darin bestand, warum Erec seine geliebte Frau Enite so hart behandelt, als ob sie eine Schuld trüge: Die Auseinandersetzung mit der Anima verläuft offenbar nicht ohne Konflikt. Ich will Ihrer Interpretation nicht vorgreifen und möchte nur noch einige Fragen wenigstens andeutend nennen, die sich im Zusammenhang mit Hartmanns Erec-Dichtung stellen.

Da ist zunächst die rätselvolle Gestalt der Enite selbst. Erec findet sie in Armut und Lumpen, von denen es ausdrücklich heißt, dass sie schmutzig waren. Ist es zuviel gesagt, wenn man sie mit der großen Kostbarkeit vergleicht, dem lapis, von dem die Alchemisten sagen, dass auch er im Schmutz gefunden wird: lapis in stercore invenitur?

Sodann: Warum verbietet Erec seiner Frau das Reden, wenn es doch darum geht, dass sie ihre Instinktkräfte nutzt, um ihn zu warnen, die ihm nicht zur Verfügung stehen, weil er ja stets nur für den Kampf gerüstet ist? Kann man hier, um wieder einen Begriff aus der Alchemie zu verwenden, von einem opus contra naturam sprechen, zumal der Ehefrau nichts natürlicher ist als das ununterbrochene Gespräch mit ihrem Partner?

Was ist schließlich das Ziel der Suche bei dem Helden Erec? Er geht von einer Ganzheit aus: der Artusrunde, der er durch seine königliche Herkunft und seine Ritterlichkeit zu recht angehört. Er fällt aus der Ganzheit durch den Verlust seiner Ehre und muss diese zuerst wiedergewinnen, damit er der Ganzheit wieder angehören kann. Sollte hier eine Erinnerung an neuplatonische Vorstellungen vorliegen, die wenige Jahrzehnte später zu dem Bauplan der Theologischen Summa des heiligen Thomas von Aquin führen nämlich den Gedanken von exitus und redditus, dem Ausgang der geistigen Kreatur von Gott und ihrer Rückkehr ebendorthin?

Wenn das so ist: Welchen Charakter hat dann die Artuswelt insgesamt, die Runde der Zwölf Ritter, die sich um den runden Tisch des Königs Artus versammeln, der selbst nicht kämpft, aber die Ritter zur gelegentlich wieder fälligen Bewährung aussendet? Hier hat man immer schon an die Runde der Apostel und Christus gedacht.

Aber die Zwölfzahl legt auch noch andere Assoziationen nahe. Man könnte auch an die zwölf Monate denken. Dann ergäbe sich noch eine andere, vertieftere Deutung, die aber durch die zuvor schon ausführlich geschilderte Gestalt der Famurgan, der Schwester des Königs Artus, gestützt wird. Wenn nämlich die Schwester eigentlich eine Göttin ist, dann ist es der Bruder doch wohl auch. Dann erklärt sich, was der glanzvolle Hof ist, der in der Geschichte etwas Vergleichbares erst in dem Hofe des Sonnenkönigs zu Versailles hat. Ist es abwegig, hinter der Gestalt des Artus einen alten Sonnengott zu vermuten, der seinen Weg durch die zwölf Felder des Tierkreises nimmt? Was anderes wäre dann die runde Tafel des Artus, um die sich die zwölf Ritter versammeln, als die graphische Darstellung dieser Sonnenbahn, also eine Art Horoskop?

Wenn das für den König Artus zutrifft, dann fällt von hier aus auch Licht auf seine angeblich verstorbene Schwester Famurgan. Ihr Verschwundensein ist dann nicht endgültig, sondern nur als ein vorübergehendes Verborgensein zu betrachten. Wenn Artus die Sonne ist, dann entspricht die Gestalt der Famurgan dem anderen großen Gestirn, das normalerweise verborgen ist, wenn die Sonne mit ihrem Glanz am Himmel steht. Sie wäre dann die große Mondgöttin, die als Herrin des Weiblichen, der Nacht und der Tiere über alle, auch die heilenden Kräfte der Natur verfügt.

Treffen diese Vermutungen zu, dann handelt es sich bei der Artusdichtung um kryptische Texte, die hinter einer oberflächlich christianisierten Schale einen alten heidnischen Kern bergen.

Wolfram von Eschenbach
Parzival (I)

„Ist zwîvel herzen nâchgebûr, / daz muoz der sêle werden sur." (1,1-2; 5). Mit diesen Worten beginnt der Prolog der epischen Dichtung „Parzival" des Wolfram von Eschenbach. Diese beiden Zeilen haben umfangreiche Erläuterungen ausgelöst; versuchen wir eine Annäherung. Das tragende Wort ist zwîvel. Es mit dem neuhochdeutschen ‚Zweifel' gleichzusetzen, ist trotz des Gleichklangs nicht ohne weiteres möglich. Hier geht es nicht um ein rein intellektuelles Zweifeln an irgendeinem Tatbestand, und auch der Gedanke an einen Glaubenszweifel, den manche Interpreten erwogen haben, trifft das Gemeinte nicht. Hier auf dieser Stufe der mittelhochdeutschen Dichtung wird weder theoretisiert, noch werden theologische Probleme erörtert, wie sie etwa das Zeitalter der Reformation hatte. Der Zweifel ist also eine lebenspraktische Frage und damit mehr eine Ungewissheit über den einzuschlagenden Weg. Damit ist das Leitmotiv der ganzen Dichtung angeschlagen und auch das Thema der Suchwanderung: Parzival, der Held dieser Dichtung, ist auf einen Weg geraten, dessen Ziel ihm zwar etwas unbestimmt vorschwebt, aber über dessen Richtung er völlig im Unklaren ist. Unter dieser Ungewissheit leidet er viele Jahre, und das wird dem Herzen – als dem innersten Kern der Person – verständlicherweise zu einem beständigen Schmerz: es wird ihm, wie Wolfram sagt, sur: sauer. Das seelische Leiden eines heranwachsenden jungen Menschen ist also das Thema dieses Werkes, und soll auch im Mittelpunkt dieser Einführung stehen.

Die Dichtung des Wolfram stellt sich, wie schon der EREC des Hartmann von Aue, als eine Nach- und Weiterdichtung eines Werkes dar, das der französische Autor Chrestien de Troyes unvollendet hinterlassen hatte: „Perceval le Gallois ou le Conte du Graal". Die Vorlage wird von Wolfram nicht einfach übersetzt, sondern entscheidend umgestaltet und erweitert, und an einer wichtigen Stelle beruft er sich noch auf eine weitere Quelle. Davon wird noch die Rede sein. – Mit dem Namen der altfranzösischen

Dichtung ist nun auch noch der GRAL genannt worden, jener geheimnisvolle Gegenstand, der zahlreiche mittelalterliche Dichter beschäftigt und eine umfangreiche spekulative und wissenschaftliche Literatur nach sich gezogen hat. Das alles kann in einem kurzen Vortrag nicht umfassend dargestellt werden. Es kann nur darum gehen, aus dem riesigen Komplex der Gralserzählungen anhand der Dichtung des Wolfram den Weg des Parzival herauszulösen – mit einigen Rückgriffen auf die unmittelbare Vorlage bei Chrestien de Troyes – und dann die Linie andeutungsweise weiterzuverfolgen über die Titurel-Fragmente desselben Epikers Wolfram bis hin zu deren Ausgestaltung in dem riesenhaften Versepos, genannt der Jüngere Titurel, des Albrecht von Scharfenberg, mit dem die Gralsdichtung in deutscher Sprache im letzten Drittel des 13. Jahrhunderts zuendegeht, während sie im angelsächsischen Sprachraum noch bis in dieses Jahrhundert Nachfolger findet.

Wenden wir uns nun der Dichtung des Wolfram zu. Sie ist nach übereinstimmender Meinung zwischen 1200 und 1210 entstanden. Über den Dichter weiß man herzlich wenig, er soll in Eschenbach bei Ansbach geboren sein, und dieser Ort nennt sich darum seit Beginn des Jahrhunderts stolz Wolframs-Eschenbach. Über seinen Werdegang ist nichts bekannt; er selbst nennt sich ungebildet, was aber nur heißen kann, dass er kein Universitätsfach regelrecht studiert hat, denn über so manche, auch recht entlegene und vermutlich autodidaktisch erworbenen Kenntnisse verfügt er sehr wohl, besteht aber darauf, dass er sie nicht aus Büchern gewonnen habe. Über seine Lebensumstände ist so gut wie nichts bekannt. Er kokettiert geradezu mit Mittellosigkeit, vielleicht auch, um seine adligen Gönner zu etwas mehr Großzügigkeit anzuspornen, und von diesen wiederum ist mit einiger Wahrscheinlichkeit nur der Landgraf Hermann von Thüringen zu nennen.

Wolfram gehört also in den Kreis der epischen und lyrischen Dichter, die auf der Wartburg gastliche Aufnahme gefunden hatten. Dort müssen wir ihn uns zumindest für ein paar Jahre vorstellen. Andere Aufenthaltsorte sind in der unmittelbaren Nachbarschaft seines Geburtsortes anzunehmen, und gegen Schluss der Dichtung tauchen mit auffälliger Präzision etliche Ortsbezeichnungen aus der Steiermark auf. Alle übrigen im Verlauf der

Dichtung genannten Ortsnamen, und das sind nicht wenige, müssen als freie Erfindungen gelten, und manche Städte in Frankreich oder Spanien mag er vom Hörensagen gekannt haben oder aus seiner Vorlage.

Wolfram beginnt seine große Dichtung nicht sogleich mit seinem Haupthelden, sondern entfaltet zunächst über zwei Bücher hinweg die Vorgeschichte, nämlich die Geschicke seines Vaters Gahmuret. (Nebenbei: die Einteilung in die 16 Bücher stammt nicht von Wolfram, sondern von dem verdienten Herausgeber Karl Lachmann, der sich dabei auf eine bestimmte Handschrift stützt, die über einige besonders verzierte Initialen verfügt, die bestimmte Einschnitte im Text markieren. Ferner zieht sich noch eine zweite Form der Einteilung durch dieselbe alte Vorlage, nämlich die Hervorhebung jeder 30. Zeile durch kleinere Initialen. Nach diesen Textabschnitten wird nun seit Lachmann zitiert, also nach den Büchern oder zumeist nur nach den dreißigzeiligen Textabschnitten, die wir verkürzt nennen können, und weiterhin nach deren Zeilenzahlen.)

Ich lege im Folgenden den Text von Lachmann zugrunde in der 6. Auflage von 1926, nachgedruckt Berlin 1965, und benutzte außerdem die Prosaübersetzung von Wilhelm Stapel von 1938 in deren 31. bis 35. Tausend, München 1950.

Über Gahmuret brauchen wir zur Orientierung nur so viel zu erwähnen, dass er in vielen Ländern Europas und auch in fernen Weltteilen unerhörte Heldentaten vollbracht und dabei der heidnischen Königin Belakane aus großer Bedrängnis geholfen und ihre Liebe errungen hat. Er hat eine Zeitlang ehelich mit ihr zusammengelebt – obwohl sie kohlrabenschwarz war. (Das ist nebenbei ein amüsantes Missverständnis. Diese Dame wird in Bagdad angesiedelt; das liegt nun nicht gerade im schwarzen Afrika. Aber die Spanier bezeichnen die Araber und auch die Angehörigen des Islam in ihrem eigenen Lande als moros, Mauren, und aus diesem Wort moros sind unsere Mohren geworden. So macht also Wolfgang die Königin aus dem Vorderen Orient kurzerhand zur Schwarzen; aber das hat niemanden aus seinem Publikum gestört.) Die Königin Belakane erwartet ein Kind von Gahmuret, aber der verlässt sie wie ein Dieb in der Nacht und lässt sich von einem Kaufmann, der über ein schnelles Schiff verfügt, gegen gute Bezahlung nach Sevilla in Spanien bringen. In Westeuropa vollbringt er weitere Heldentaten, deren Aufzählung heute nur ermüden würde, und gerät wieder an eine Dame in Bedrängnis, nämlich Herzeloyde. Er hilft auch ihr und möchte wohl wieder seines Weges ziehen, aber diese hatte sich selbst als Kampfpreis ausgesetzt, und, weil alle anderen an den Auseinandersetzungen beteiligten Ritter bereits verheiratet waren und Gahmuret außerdem den Sieg im Turnier davongetragen hat, kann er sich der massiven Werbung der Herzeloyde nicht mehr entziehen, die sogar mit Klage droht. Gahmuret heiratet sie also, weil er gar nicht anders kann; seine Ehe mit der Heidin zählt offenbar nicht. Obwohl fast gegen seinen Willen in eine Ehe hineingezwungen, kann sich Gahmuret einen Teil seiner alten Freiheiten erhalten: er hat sich ausbedungen, dass er jederzeit auf Turniere gehen kann. Das tut er denn auch bald und verliert dabei sein Leben. Seinen Sohn, den Herzeloyde inzwischen erwartet, hat er nie gesehen. Als der Sohn zur Welt kommt, will die Mutter ihn nicht auch verlieren. Sie zieht mit ihm – und etlichen Dienstleuten – in einen dichten Wald und lässt den Jungen ohne irgendwelche Kenntnis von der Außenwelt aufwachsen. Sie hat ihren Leuten strikt verboten, ihm jemals etwas über Ritter zu erzählen. Daran halten sie sich.

So wächst Parzival, der nicht einmal seinen Namen und noch weniger seine Herkunft kennt, mitten im Wald auf. Seine Hauptbeschäftigung ist die Jagd. Er benutzt dazu einen Jagdspeer. Als er eines Tages dem Gesang der Vögel lauscht und davon von Fernweh ergriffen wird, lässt die Mutter so viele Vögel wie möglich von ihren Leuten töten; dieser Vogelmord gehört zu den Zügen, die Wolfram seiner Vorlage nicht entnommen, sondern selbständig hinzugefügt hat. Als Parzival für die Vögel bittet, bereut die Mutter ihr Tun und sagt „Was falle ich dem in seinen Willen, der doch der höchste Gott ist"? Da fragt Parzival: „Mutter, was ist denn das, Gott?" Da belehrt sie ihn: „Noch lichter als der Tag ist er", und sie fügt hinzu, dass er ihn in der Not um Hilfe anflehen soll. Zugleich sagt sie: „Ebenso heißet einer der Hölle Herr [...] von ihm kehre Deine Gedanken ab" (70f.), und es heißt, sie lehrt ihn das Finstere und das Lichte zu unterscheiden. – Diese eigenartige Theologie ist nun keineswegs christlich, sondern im Grunde manichäisch. Solche Lehren waren damals bei den Katharern verbreitet. Woher Wolfgang sie hat, ist nicht bekannt.

Die eigenartige Charakterisierung Gottes hat aber noch eine unbeabsichtigte Folge. Eines Tages begegnet Parzival drei Rittern. Weil er nichts von Rittertum weiß, hält er sie in ihrer glänzenden Rüstung für Götter und geht in die Knie. Als sie ihn halb ärgerlich und halb gutmütig über seinen Irrtum aufklären, möchte er sogleich selber ein Ritter werden. Er erhält die Auskunft, dass der König Artus es sei, der zum Ritter macht. Nun will er sofort zu diesem, und die Mutter erkennt, dass sie ihn nicht länger festhalten kann. So lässt sie ihn denn ziehen, nicht ohne ihm noch Ratschläge mitzugeben: „Wo du eines guten Weibes Ringlein mögest erwerben und ihren holden Gruß, da greif zu" [...] und „Du sollst sie küssen und sie fest umfangen." (76) Außerdem hat sie ihm ein Narrenkleid aus Sackleinen gemacht und ihm ein schlechtes Pferd gegeben in der törichten Hoffnung, so werde er bald zu ihr zurückkehren, vom Gespött der Menschen gejagt. So ausgestattet bricht er auf, und seine Mutter bricht tot zusammen, als sie ihn nicht mehr sieht. Parzival hat sich nicht umgesehen und weiß es nicht.

Gleich am nächsten Tag wendet er die seltsamen Ratschläge der Mutter an. Er trifft eine junge Frau in einem prächtigen Zelt allein an, raubt ihr einen Ring, eine Spange und einen Kuss, und, nachdem er sich noch tüchtig sattgegessen hat, reitet er davon. Die junge Frau muss das schwer büßen, weil ihr eifersüchtiger Freund Orilus bei seiner Rückkehr glaubt, sie habe einen fremden Liebhaber bei sich empfangen. So beginnt die lange Leidenszeit der Jeschute, die Parzival in seiner Unwissenheit verschuldet hat.

Seine nächste Begegnung hat er mit einer anderen jungen Frau, die ihren toten Geliebten im Schoß hält. Er begrüßt sie und fragt nach dessen Geschick. Er erfährt von dessen Tod im Turnier, und er hört von der Frau, die seine Kusine Sigune ist, auch zum ersten Mal seinen Namen Parzival, und dass er von königlicher Herkunft ist.

Er verspricht eifrig, den toten Schionatulander zu rächen und zieht weiter, bis er zu einem geizigen und habgierigen Mann kommt. Als er um Speise und Obdach bittet, will der ihn zunächst abweisen, aber als er ihm die goldene Spange der Jeschute gibt, kann er bleiben und wird gespeist. Der Mann weist ihm dann noch den Weg zum König Artus. Unterwegs trifft er den Roten Ritter und möchte sogleich dessen Rüstung, was ihm weiteren Spott einträgt. Am Hofe gibt es eine hässliche Szene: Frau Kunneware, die ein Gelübde getan hat, nie zu lachen, bis sie den erblickte, der den höchsten Ruhm erringen sollte, muss beim Anblick Parzivals plötzlich lachen und wird darauf von dem Oberhofmeister Keys verprügelt. Das scheint an diesem Musterbild eines Königshofes niemanden zu befremden, nur Parzival tut es leid. Seine nächste Tat ist, dass er den Roten Ritter herausfordert und dieser ihn mit dem stumpfen Ende der Lanze schlägt. Da wirft Parzival seinen Jagdspeer und trifft ihn so unglücklich ins Auge, dass er tot vom Pferd fällt. Später erfährt er, dass er den Ritter Ither getötet hat, einen entfernt Verwandten. Sogleich möchte er sich dessen Rüstung aneignen, weiß aber nicht, wie sie anzulegen ist. Ein Knappe hilft ihm schließlich dabei.

So gerüstet zieht er weiter und gelangt zur Burg des Ritters Gurnemanz. Der nimmt ihn gastlich auf, aber Parzival weigert sich zuerst, vom Pferd zu steigen, er meint nämlich, nur auf dem Pferd sei er Ritter. Doch Gurnemanz nimmt den jungen Toren auf und unterweist ihn mehrere Wochen lang im ritterlichen Umgang mit den Waffen, insbesondere lehrt er ihn das Tjostieren, jene ritterliche Art des Wettkampfes mit der Lanze, bei der es darum geht, den Gegner durch den Anprall vom Pferd zustoßen, also eine sehr ruppige Weise der Bestimmungsmensur. Aber Gurnemanz belehrt ihn auch über das rechte Benehmen eines Ritters und untersagt ihm, überflüssige Fragen zu stellen. Das soll sich noch verhängnisvoll auswirken. Wichtig ist dann noch der Hinweis, er solle Tapferkeit mit Erbarmen üben; so erfährt er die ritterliche Ethik in ihren Grundzügen. Eigentlich möchte Gurnemanz seinen jungen Zögling recht gern als Schwiegersohn dabehalten, aber der zieht weiter.

So gelangt er zu der belagerten Stadt Pelrapeire. Das ist die Residenz der edlen Kondwiramur, die von dem König Klamidé heftig umworben wird. Sie hat ihn aber abgewiesen, und nun bedrängt er sie mit militärischer Gewalt. Parzival wird in der belagerten Stadt in die Burg der Kondwiramur eingelassen, aber man kann dem Gast nur eine sehr kümmerliche Mahlzeit vorsetzen, so knapp sind die Lebensmittel schon geworden. Er erhält dann ein Lager angewiesen und in der Nacht sucht ihn die bedrängte Kondwiramur auf. Sie schildert ihm ihre Lage, und sie ruhen bis zum Morgen nebeneinander, ohne sich zu berühren. Das wiederholt sich noch zwei

Nächte lang. Schließlich besiegt Parzival den Feldherrn des Klamidé und sendet ihn zu Artus. Er bezwingt auch Klamide selbst im Schwertkampf, verschont ihn aber nach der Weisung des Gurnemanz und schickt auch ihn an den Artushof. Nun hält er mit Kondwiramur Hochzeit.

Zwei Züge verdienen hervorgehoben zu werden. Da ist zunächst der Name der Braut. Es ist ein sprechender Name, den Wolfram selbst erfunden hat; in seiner Vorlage heißt die entsprechende Gestalt Blancheflur. Damit widerlegt der Dichter seine eigene Behauptung, nicht sonderlich gut Französisch zu können, denn er bildet einen in dieser Sprache höchst sinnvollen Namen, den wohl auch seine gebildeten Zuhörerinnen verstanden haben: Konwiramur, das ist die, die zur Liebe führt, oder, die in der Liebe die Leitung ausübt. Das gäbe Anlass zu weitläufigen Überlegungen über die Stellung der Frau in Wolframs epischer Dichtung.

Sodann schickt Parzival die von ihm besiegten und verschonten Gegner, nachdem sie ihm „Sicherheit" geleistet haben, also eine Art Gefolgschaftseid geschworen haben, jeweils zum König Artus. Warum? Das wird nirgends begründet, lässt sich aber erschließen: Artus und sein Hof sind nicht nur die Instanz, wo Ritter „gemacht" werden, wie es zu Beginn des 3. Buches heißt, sondern auch das oberste Schiedsgericht über alle ritterlichen Taten und über den Ruf, den die Ritter jeweils genießen. Das Ziel des Helden ist der Ruhm; wie aber soll dieser entstehen, wenn nicht von einer dafür kompetenten Stelle die Kunde über seine Heldentat verbreitet wird?

Das kann in den Zeiten vor dem Aufkommen des Pressewesens natürlich nur mündlich geschehen, und so sind es die Barden und fahrenden Sänger, die den Ruhm der Helden verbreiten und lebendig halten. Innerhalb der westeuropäischen Artusepik besteht nun die Fiktion, dass der Ruhm der Helden sich auf deren Einschätzung am Artushof gründet. Von da wird er dann verbreitet und schließlich von den Dichtern weitergetragen. Diese dichten also nicht aus eigener Phantasie und Sprachmächtigkeit allein, sondern sie sind in ihren Urteilen über die Helden quasi autorisiert durch den vorausgegangenen Urteilsspruch am Hofe des Artus. Die Gestalt des Artus und sein Hof bilden also gewissermaßen ein Gegenstück zum Lehramt der Kirche. Artus und sein Hof erweisen sich damit als das „Rom" des Rittertums.

Diese Gegeninstanz wurde jedoch von der Kirche weder gefürchtet, noch überhaupt ernstgenommen; was in den Volkssprachen gedichtet wurde, nahm die Theologie nicht zur Kenntnis. Das änderte sich aber sofort, wenn einer der Hofpoeten es unternahm, wie etwa Andreas Capellanus, der wie Chrestien de Troyes am Hof der Marie von Champagne, der Tochter der Eleonore von Aquitanien, lebte, einen Traktat über die rechte Liebessitte in lateinischer Sprache zu verfassen: Sein Buch, „De amore libri tres", wurde sofort verboten.

Der besiegte Klamidé muss also, wie gesagt, den Ruhm des Parzival selbst dem Artushof zur Prüfung und Billigung vorlegen; bei dieser Gelegenheit wird recht unauffällig der Name des Gawan eingeführt, eines Neffen von König Artus. Dieser zieht dann auch in die Welt und erlebt kuriose Abenteuer, bei denen er sich als rechter Held im Sinne des Artushofes erweist. Aber er kommt nicht darüber hinaus. So wird er, der in der Dichtung des Wolfram einen recht breiten Raum einnimmt, bewusst als Gegenfigur zu Parzival aufgebaut; ihn deshalb schon seinen Schatten zu nennen, halte ich jedoch für nicht gerechtfertigt. Er bleibt einfach der Artusritter nach allen Regeln der Kunst, während der Dichter mit Parzival offensichtlich weit mehr vorhat: er lässt ihn im Laufe seines Epos über die Artus-würdige Ritterschaft hinauswachsen in einen Bereich, der als numinos bezeichnet werden kann: er nimmt Züge des im vorderasiatischen Mythos wohlbekannten „erlösten Erlösers" an.

Zunächst ist aber die Handlung weiter zu verfolgen. Auch Pazival verlässt nach kurzem Eheglück seine junge Frau mit der Begründung, seine Mutter wieder aufsuchen zu wollen, deren Tod ihm noch unbekannt ist. Im Gegensatz zu seinem Vater Gahmuret bleibt er aber während seiner jahrelangen Irrfahrten, die sich nun anschließen, seiner Frau treu, und sie ihrerseits hält ihm die Treue.

Auf dieser zweiten Ausfahrt des Helden trifft er auf einen Mann an einem Gewässer, den er als den Fischer bezeichnet. Dieser weist ihm den Weg zu einer Burg. Dort wird er eingelassen und zum Ablegen der Rüstung aufgefordert. Weil er offenbar sonst keine Kleidung bei sich hat, kleidet ihn Repanse de Schoye in ihren Mantel. Nun wird er Zeuge eigentümlicher Szenen und Ereignisse: Eine Lanze wird hereingetragen, von der

Blutstropfen fallen. Dann nähert sich eine Prozession von 24 paarweise auftretenden dienenden jungen Frauen, und die Königin selbst, eben Repanse de Schoye, trägt den Gral. Der offenbar kranke Burgherr hat ein starkes Feuer im Kamin anzünden lassen, und er hat seinen Gast Parzival in seine Nähe gerufen. Stumm verfolgt er, was nun geschieht. Nach der Prozession der Jungfrauen kommt die Königin selbst in den Raum, und von ihrem Antlitz verbreitet sich ein Lichtschein. Es heißt weiter: „Auf grüner Achmardiseide trug sie des Paradieses Vollkommenheit, Wurzel war es zugleich und Reis. Das war ein Ding, das hieß der Gral, alles Erdensegens Überschwang". lm Original: „Si truog den Wunsch von Pardîs, bêde Wurzel unde Rîs / Daz was ein Ding, daz hiez der Gral, Erdenwunsches Überwall." (235,20-24; 138).

Es fällt auf, dass der mit großer Feierlichkeit hereingetragene Gral vom Dichter mit so knappen Worten beschrieben wird. Weil es hier offenbar auf jede Silbe ankommt, soll zunächst diese Stelle sprachlich erläutert werden: Sie, das ist die Königin Repanse de Schoye, jungfräuliche Schwester des Gralskönigs (und auch Schwester der Herzeloyde sowie des noch zu erwähnenden Tevrizent), trägt den Gral, und es heißt, dass nur eine reine Jungfrau ihn tragen könne. Der Gral selbst ist bei Wolfram ein Ding; das ist wohl die nichtssagendste, also verhüllendste Bezeichnung, die sich finden lässt. Es geht um ein Mysterium, und da ist von altersher Arkandisziplin geboten, das heißt, das Geheimnis darf vor Nichteingeweihten nicht ausgeplaudert werden.

Der Gral, der an anderer Stelle bei Wolfram auch ein Stein genannt wird, ist zugleich Wurzel und Reis, also Ursprung und das, was aus diesem Ursprung fließt; man könnte hier an die arché der vorsokratischen Denker erinnern. Aber Wolfram kennt nicht die philosophische Tradition, wohl aber die biblische, und so bezeichnet er den Gral als wunsch von Pardîs. Das Paradies ist das des Buches Genesis – mit seiner langen Vorgeschichte, die hier nicht erörtert werden kann. Was aber ist wunsch? Hier ist an das Wort Segenswunsch zu denken, aber mit der Betonung auf dem Segen und gerade nicht auf dem Wunsch. Gemeint ist also die Erfüllung oder schlicht die Fülle selbst, das ist das, was im Neuplatonismus und bei den Gnostikern als Pleroma bezeichnet wird: die Fülle der Gottheit selbst. Hier ist nun sogleich eine Einschränkung zu machen: Das Göttliche wird in der abendländischen Theologie zumeist nur oder mindestens in erster Linie als transzendent erfahren. An vielen Stellen wird aber auch von der Immanenz Gottes gesprochen, also von seiner Einwohnung in jedem Seienden (diese Charakterisierung Gottes wird übrigens besonders vom Chassidismus betont).

Halten wir also fest: der Gral ist die Fülle des Segens der immanenten Gottheit. Dass diese Deutung das Richtige trifft, wird von den folgenden Worten bestätigt: Erdenwunsches Überwall. Die Fülle des Göttlichen ist also nicht in einem hohen und fernen Himmelsgewölbe lokalisiert, sondern sie ist zugleich auch irdisch. Was bedeutet nun das letzte Wort der angeführten Stelle, Überwall?

Stellen wir uns einen ganz einfachen Vorgang vor: einen Topf mit Milch auf einer Herdplatte. Wenn nun die Milch kocht und die Hausfrau nicht aufpasst, wallt die Milch über, das heißt, sie kocht über und ergießt sich aus dem Kochtopf über die Herdplatte. Kehren wir von dem Bild zurück zu der Aussage des Dichters, dann wird der Sinn klar: Gemeint ist, dass der Segen, der vom Grale ausgeht, so überreich ist, dass er jede Begrenzung überwindet und überwallt, das heißt überquillt und verströmt wie die geschilderte überkochende Milch. – Das ist nun keine Erfindung des Wolfram, sondern diese Vorstellung ist auch sonst anzutreffen, ich erinnere nur an das „Zerbrechen der Gefäße" in der Kabbala.

Halten wir die wichtigsten Einzelzüge noch einmal fest: der Gral ist das Symbol der göttlichen Segensfülle, und dieser Segen ist irdisch. Das wurde oben schon in dem Wort Reis angedeutet, das nicht nur eine einzelne Pflanze bedeutet, sondern als pars pro toto zu nehmen ist für die Gesamtheit des Lebens auf der Erde, und zwar auch und gerade in seinem Aspekt als Nahrung für den Menschen.

Das wird in der geschilderten Szene sogleich näher ausgeführt: Vom Gral aus werden die köstlichsten Speisen und Getränke an alle Anwesenden verteilt, und jeder erhält genau das, was er sich gerade wünscht. Das ist nun keineswegs nur das bekannte Tischlein-deckdich-Motiv des Märchens, sondern es ist der konkrete Ausdruck für die vom Grale ausgehende Fülle des irdischen Wohlergehens. Der Gral ist also der Punkt, an dem sich das Mütterlich-Spendende der Erde konzentriert und von wo aus es sich den Menschen zeigt und offenbart. (Dieser Zug des Göttlichen und des mütterlich-Spendenden der Erde wird später in der Dichtung wieder aufgenommen und entfaltet.)

Grundsätzlich ausgesprochen und zusammengefasst lässt sich also sagen, dass Parzival, der in dieser Phase seiner Wanderung ausgezogen ist, seine persönliche Mutter wiederzufinden, das Prinzip des Mütterlichen gefunden hat. Sogleich muss aber hinzugefügt werden, dass er dieses Große Mütterliche nur für einen Augenblick gesehen und dann sofort wieder aus den Augen verloren hat – weil er die von ihm erwartete Frage nicht gestellt hat.

Parzival, zu dem wir nun für einen Augenblick noch zurückkehren wollen, hat die Unterweisung des Gurnemanz zu wörtlich genommen. Der wollte ihm wahres Rittertum beibringen, und dazu gehört in seiner Sicht das Unterlassen unzeitigen Redens und vor allem Fragens. Aber mit eben dieser ritterlichen Korrektheit scheitert Parzifal in dieser entscheidenden Begegnung: Weder fragt er nach der Art der Erkrankung des Gralskönigs, noch nach der blutenden Lanze, und am allerwenigsten nach dem geheimnisvollen Gral.

Die Folge trifft ihn unmittelbar. Er wird nach dieser Mahlzeit in ein Zimmer geleitet, wo er sich zum Schlafen niederlegt. Am nächsten Morgen sieht und hört er keine Menschenseele. Er findet lediglich seine Rüstung vor, die er allein und ohne fremde Hilfe wieder anlegt. Im Hof ist sein Pferd angebunden, das er besteigt. Nun reitet er über die Zugbrücke, und diese schnellt so knapp hinter ihm wieder hoch, dass er und das Pferd fast zu Schaden kommen. Er reitet wie benommen und ohne Ziel weiter, und findet schließlich eine weinende Frau, in deren Armen ein toter, einbalsamierter Ritter liegt. Es ist seine Kusine Sigune. Von ihr erfährt er nun wesentlichen Aufschluss über seine Herkunft, seine augenblickliche Lage und sein schuldhaftes Versäumnis: Sigune ist die Nichte seiner Mutter, sie gehört damit selbst zur Familie der Gralskönige. Sie erklärt ihm die Zusammenhänge und achtet ihn, weil er die Frage nicht gestellt hat. Dieses Gespräch bildet einen Tiefpunkt in der Entwicklung des Parzival, aber noch lange nicht den letzten.

Aber der Dichter sorgt für eine kurze Aufhellung der Düsternis. Sehr geschickt ist hier die Wiederbegegnung mit jener Jeschute eingefügt, die Parzival am Anfang seiner Reise um Ring und Spange beraubt und in so große Bedrängnis durch ihren eifersüchtigen Freund Orilus gebracht hat. Mit diesem kämpft Parzival nun und besiegt ihn im ritterlichen Turnier. Er klärt das Missverständnis auf und versöhnt ihn wieder mit seiner Braut Jeschute.

Nun kommt es zu einer Szenenfolge von hohem symbolischen Charakter. Sie wird eingeleitet durch ein seltenes und höchst auffälliges Naturereignis: Mitten im Sommer ist Schnee gefallen, und eine dichte weiße Schneedecke ist auf der Erde zu sehen. Es folgen weitere, höchst auffällige Phänomene. Zunächst ist von einem entflogenen Jagdfalken die Rede. Der ist von oben auf einen Schwarm von Wildgänsen gestoßen und hat eine davon verletzt. Von dieser ist nun etwas Blut nach unten getropft, und Parzival nimmt drei Blutstropfen wahr, die sich von dem weißen Schnee leuchtend abheben. Dann folgt etwas völlig Unerwartetes.

Die Art und Weise, in der Parzival seine Wahrnehmung verarbeitet, hat wohl niemand unter den Zuhörerinnen und Zuhörern des Dichters auf der Wartburg oder wo auch immer er sein Werk vorgetragen hat, erwartet: Parzival wird durch die drei Blutstropfen im Schnee an seine verlassene Frau Konwiramur erinnert, und zwar, wie es – verhüllend, wie ich meine – heißt, an die roten Flecken ihrer Wangen und ihres Kinns. Nun fällt er in eine solche Trance, dass er gar nicht wahrnimmt, dass erst ein und dann noch ein fremder Ritter sich ihm naht und ihn zum Zweikampf fordert. Rein mechanisch schlägt er erst den einen und dann den anderen und schickt sie wie gewohnt zum Artushof, und das alles, ohne aus seiner Liebesekstase zu erwachen. So findet ihn schließlich Gawan, der von dem in der Nähe befindlichen Lager des Artus aufgebrochen ist, um Parzival zu suchen. Immer noch starrt dieser wie benommen auf die Blutstropfen im Schnee. Da bedeckt Gawan die Blutflecken mit seinem Mantel und Parzival erwacht aus seiner Abwesenheit. Passiv und folgsam lässt er sich zu Artus führen.

Wieder am Artushof, ist Parzival diesmal nicht der gefeierte Ritter. Kurz nach ihm trifft dort eine der seltsamsten Gestalten des Epos ein, genannt Kundrie la Surcière: Die Zauberin Kundrie. Sie wird als grotesk hässlich geschildert mit teilweise tierischen Zügen; andererseits heißt es von ihr, dass sie das Trivium und das Quadrivium studiert habe, also den gesamten Stoff der Artes-Fakultät beherrsche. Diese eigenartige „gelehrte Frau" stürzt sich nun geradezu auf den Parzival und verflucht ihn in schaurigen Wendungen: „Euch soll der Mund noch leer werden, leer, meine ich, von der Zunge drinnen, so wie Euch das Herz leer ist von rechter Gesinnung! Im Himmel droben vor des Höchsten Hand ist Euer Name der Hölle überantwortet, und so seid Ihr auch auf Erden ein Verfluchter [...]". So geht es noch seitenlang weiter (187-189). Dann reitet Kundrie davon.

Zurück bleibt ein vernichteter Parzival, der jetzt, da es zu spät ist, von seiner Sehnsucht nach dem Gral spricht. Aber er erkennt keine Aussicht, jemals wieder dorthin zu gelangen. Da verzweifelt er an allem, zuletzt an Gott, und er sagt sich förmlich von Gott los: „Weh, was ist Gott? [...] Ich war ihm untertan und habe ihm gedient, da ich auf seine Gnade hoffte. Nun will ich ihm den Dienst aufsagen! Trägt er Hass, so will ich auch das auf mich nehmen [...]." (197) Das ist der tiefste Punkt, an dem Parzival auf seiner Wanderung angelangt ist. Hier werden wir ihn für diesmal verlassen.

Wolfram von Eschenbach
Parzival (II)

Wir hatten zuletzt gehört, wie Parzival ungefähr in der Mitte des umfangreichen Epos vom Dichter an den tiefsten Punkt seiner Suchwanderung
geführt wird: Nach seinem ersten, vergeblichen, Aufenthalt auf der Gralsburg findet er sich wieder am Artushof ein und wird dort von der geheimnisvollen Zauberin Kundrie feierlich verflucht. In einer nicht endenwol-
lenden Fluch- und Schimpfrede schleudert ihm diese entgegen: „Euch soll
der Mund noch leer werden, leer, meine ich, von der Zunge drinnen, so
wie Euch das Herz leer ist von rechter Gesinnung! Im Himmel droben vor
des Höchsten Hand ist Euer Name der Hölle überantwortet, und so seid
Ihr auch auf Erden ein Verfluchter [...]" (187-189). Damit reitet Kundrie
davon. Parzival bleibt als ein Gescheiterter und Geschlagener zurück.
Nun, da es zu spät ist, besinnt er sich wieder auf den Gral, den er schon in
Reichweite gesehen und dann so schrecklich verfehlt hat, ohne dass ihm
zunächst bewusst wäre, worin seine Verfehlung bestünde.

Später wird er auch darüber Aufschluss bekommen. Jetzt aber in seiner
Verzweiflung fragt er wieder nach Gott und sagt sich dann förmlich von
ihm los: „Weh, was ist Gott? [...]. Ich war ihm untertan und habe ihm
gedient, da ich auf seine Gnade hoffte. Nun will ich ihm den Dienst
aufsagen! Trägt er Hass, so will ich auch das auf mich nehmen [...]" (197).

Hier erhebt sich sogleich die Frage, kraft welcher Autorität Kundrie
diesen Fluch ausspricht. Bisher galt, dass Ruhm und Ehre der Ritter am
Hofe des Königs Artus und von diesem bestimmt wurden. Nun bricht mit
der Zauberin Kundrie ein fremdes, weibliches, Element in die festgefügte
Rittergemeinschaft der Artusrunde ein und spricht dieses furchtbare Urteil
aus, ohne dass irgendjemand einen Einspruch erhebt. Eine erste Antwort
könnte lauten, dass Kundrie vom Gral herkommt und Parzivals dort
geschehene Verfehlung mit der feierlichen Ausstoßung aus der Gemeinschaft der Begnadeten ahndet. Dann aber ist anzuerkennen, dass neben die
bisher fraglos gültige Ordnung der Artusrunde nun ein neues Macht- und

Kraftzentrum getreten ist, eben der Gral, und dass dessen Urteilsspruch von einer weiblichen Gestalt (mit teilweise tierischen Zügen, wie erinnerlich) verkündet wird. Stand bisher schon das Zentrum des rein männlich orientierten Rittertums in einer gewissen Konkurrenz zum Lehramt der Kirche – ohne dass das eigens angesprochen wäre, so tritt nun eine weitere Kraft mit eigener Autorität auf den Plan, die in der „gelehrten Frau" Kundrie mit den tierhaften Zügen ihr Sprachrohr hat. Kurz gesagt: ein neues Naturwissen und eine neue Naturmagie erheben ihre Stimme, ohne dass dem von Seiten der männlichen Runde der Artusritter Einhalt geboten wurde (und die christliche Kirche mit ihrer Glaubens- und Morallehre ist erst recht nicht präsent).

Was Parzivals Reaktion angeht, so beachte man auch hier, wie kunstvoll der Autor alte Motive wieder aufgreift und mit neuer Intensität wieder in Erinnerung bringt: Hatte der jugendliche Parzival noch ganz arglos die Mutter gefragt, „Owe, was ist Gott?", so wiederholt der zur Adoleszenz herangewachsene jetzt diese Frage in einer für ihn verzweifelten Situation mit tödlichem Ernst und, da ihm nicht sofort eine Antwort zuteil wird, wendet er sich seinerseits von Gott ab. In dieser Situation des Zweifels – wir erinnern uns an die Eingangsverse der Dichtung – verbleibt Parzival nun für viele Jahre und nimmt eine zunächst richtungslose Suchwanderung auf.

Ganz allmählich werden ihm die ersten Aufschlüsse gegeben, wobei wieder darauf zu achten ist, wer da zu ihm spricht und aus welcher Quelle sein Wissen kommt. Dabei ist auch immer mit in Rechnung zu stellen, dass die Auskünfte, die Parzival erhält, in einer für ihn und erst recht für uns Leser des 20. Jahrhunderts unverständlichen, weil bewusst verhüllenden Sprache gegeben werden. Vieles erinnert hier an die Arkandisziplin, wie sie in den spätantiken Mysterienkulten und auch in der frühen christlichen Kirche geübt wurde. So muss also vieles erst aus der Mysteriensprache übersetzt werden, wenn es für uns verständlich sein soll, und es ist nicht ausgemacht, dass wir immer den vollen Sinn des verhüllt Gesagten erfassen.

Zunächst ist der Faden der Handlung wieder aufzunehmen, wobei allerdings die gesamte Gawanhandlung, die nun eingeführt und teilweise parallel zur Parzivalerzählung verläuft, aus Zeitgründen ausgeklammert bleibt, so spannend sie im Einzelnen berichtet wird. –

Nur von Parzival soll hier die Rede sein, den, wie es heißt, „Kundrie mit heftigen Worten zum Grale jagte" (255). Ihr Fluch hat also eine durchaus positive Wirkung. Auf seinem Weg reitet Parzival wieder in einen Wald und gelangt zu einer neugebauten Klause. Wie ein Leitmotiv für die folgenden Szenen heißt es, dass Gott sich seiner wieder annehmen wolle. Damit ist die Wende in seinem Lebensschicksal bezeichnet; zuvor steht ihm aber noch der schmerzhafte Gang zur Selbsterkenntnis bevor. – Bereits in den Gesprächen mit der Klausnerin, die sich als Parzivals Kusine Sigune erweist, erhält dieser wichtige Hinweise. Zunächst aber ein Wort über deren Situation: Sie hat ihren Jugendgeliebten Schionatulander durch den Tod verloren, denn dieser ist von Orilus erschlagen worden. Sie hält ihm aber über den Tod hinaus die Treue und betrauert den, dem sie nie ehelich angehört hat, in selbsterwählter keuscher Enthaltsamkeit. In ihrer Klause wird sie von Kundrie, also vom Grale aus, mit Nahrung versorgt. Sie kann darum Parzival den Rat geben, er möge den Spuren von Kundries Maultier folgen, die seit ihrem letzten Besuch in der Klause noch im Boden sichtbar sein müssten. – Zu bemerken ist hier, dass die Figur der Sigune offenbar in ihrer Tugendübung der Treue in eine Parallele zu Parzival gesetzt wird, der ja auch während seiner Irrfahrt seiner Gattin die Treue wahrt. – Diese Nebenfigur des Parzivalepos wollte Wolfram dann später zur zentralen Gestalt einer eigenen epischen Dichtung machen, für die er kein Vorbild bei Chretien hatte. Erhalten sind davon zwei längere Fragmente, genannt „Titurel". Wahrscheinlich hat der Tod des Dichters die weitere Arbeit daran verhindert.

Auf dem Weg, auf den ihn Sigune gewiesen hat, trifft Parzival nun den Grauen Ritter, der mit seiner Familie auf einer Bußwallfahrt begriffen ist. Der macht Parzival den Vorwurf, dass er am heiligen Karfreitag bewaffnet sei und damit gegen den Brauch des Gottesfriedens verstoße. So erfährt Parzival und mit ihm der Leser, dass der umherirrende Held gänzlich außerhalb der Zeit lebt und vom kalendarischen Ablauf des Kirchenjahres keine Kenntnis mehr hat. Das ist über die dadurch beschriebene Desorientierung hinaus ein weiteres Zeichen seiner Verdammung, denn die durch die Feste des Kirchenjahres gegliederte Zeit ist Heilszeit, und wer in ihr nicht mehr beheimatet ist, lebt im Unheil. (Ein bedenkenswerter Zug auch angesichts der heutigen Diskussion um die Abschaffung von Feiertagen.)

Eine weitere Begegnung hat Parzival mit einem Templeisen, wie die Gralsritter hier genannt werden. Es kommt zum Kampf, er bleibt siegreich und lässt diesen Ritter entkommen. Die Episode zeigt aber, dass Parzival nun in ein unzugängliches, vielfach gesichertes Gebiet eindringt, und dass er auf dem Weg zum Gral noch mit weiteren Schwierigkeiten zu rechnen hat. Er lässt seinem Pferd die Zügel frei, d.h. er verlässt sich auf die Kräfte des Instinkts. Bewusst anstreben und wollen lässt sich das Auffinden des Grals offenbar nicht.

Zunächst aber gelangt er zu dem Einsiedler Tevrizent, bei dem er sich vierzehn Tage lang aufhält und in eingehenden Gesprächen über seine Herkunft, seine teilweise unbewusste Schuld, den Gral und die vielfältig verwobenen Verwandtschaftsverhältnisse aufgeklärt wird. Damit wird Parzival zu einer bewussten Kenntnis seiner Lage und zum Annehmen seiner Schuld geführt – der erste Schritt zu seiner Heilung. Dieses ganze IX. Buch ist der Schlüssel zu den Geheimnissen um den Gral, und so ist ausführlich darauf einzugehen.

Vor dem langen Bericht über den Aufenthalt Parzivals bei Tevrizent wendet sich der Dichter Wolfram an seine Zuhörer und erklärt umständlich, wie er zu seinem Wissen über den Gral gekommen sei. Er führt nun erst seinen Gewährsmann Kyot ein und sagt, der habe ihm aufgetragen die Geschichte im Verborgenen zu lassen. Paradoxerweise erzählt er sie aber doch. Er sagt „Kyot, der wohlbekannte Meister, fand zu Dolet die weggeworfene Urfassung dieser Aventüre in heidnischer Schrift" (267).

Da musste er erst diese (arabische) Schrift lernen, um sie lesen zu können. Dabei half ihm, dass er getauft war. – Die Schrift selbst stammt von dem Heiden Flegetanis, den Wolfram einen Naturkundigen nennt. Er stammte mütterlicherseits von Salomon ab, und er hatte das Wissen von dem Lauf der Sterne, war also auch in der Astrologie bewandert. In der Sternenwelt sah er mit seinen Augen, also in einer Vision, etwas geheimnisvoll Verborgenes. Er sagte, das Ding heiße der Gral. Diesen Namen hat er in den Sternen gelesen. Es heißt in seiner Schrift: „Eine Engelschar ließ ihn auf der Erde zurück, als sie über die Sterne hoch emporflog. Verließen sie als schuldlose Wesen die schuldige Erde? [...] Seitdem musste getauftes Leben ihn mit großer Ehrfurcht hüten [...]" (267).

Diese erste aus der Schrift des Flegetanis übernommene Kenntnis genügte aber dem Kyot nicht, und so war er bemüht, auch noch lateinische Quellen aufzufinden. „Er las die Chroniken der Länder in Britannien und anderswo, in Frankreich und Irland. Endlich fand er es in Anschaue (Anjou). Er las [...] wie Titurel und dessen Sohn Frimutel den Gral auf Anfortas vererbten. Dessen Schwester war Herzeloyde, von der Gachmuret jenes Kind erhielt, das der Held dieser Geschichte ist." (268)

Das ist eine Menge an Information, die wir erst einmal verarbeiten müssen. Zunächst einmal ist der geheimnisvolle Kyot keineswegs so bekannt, wie Wolfram vorgibt. In Wahrheit kennt ihn kein Mensch. Hat er ihn gar erfunden? Darüber wogt der Streit der Germanisten immer noch hin und her.

Zusätzlich wäre zu fragen, sofern er ihn denn erfunden hätte, welches das Motiv dieser Berufung auf einen solchen Eideshelfer zu bedeuten hat. Einen Hinweis könnte die Bemerkung geben, dass dieser Kyot nach dem Auffinden der heidnischen Schrift erst die dafür nötigen Sprachkenntnisse erwerben musste, und dabei half ihm die Tatsache, dass er getauft war.

Nun, eine solche Behauptung wird man in der Theologie der Sakramente im Kapitel über die Taufe vergeblich suchen: Zu den Gnaden, die die Taufe verleiht, gehört mitnichten die Hilfe beim Erlernen der arabischen Schrift und Sprache. Warum dann aber die Betonung seines Christseins? Etwa, um ihn von einem anderen Autor abzuheben, dem Wolfram bisher in seiner Nachdichtung gefolgt ist? Sein bisheriger und nie verleugneter Zeuge aber ist Chrestien de Troyes. Der war den Romanisten bisher als der Hofdichter der Marie von Champagne bekannt, und er ist einer der fruchtbarsten Autoren des Mittelalters. Wolfram wie vor ihm Hartmann von Aue hatten Werke von ihm im Mittelhochdeutschen nachgeformt.

Wieso aber jetzt, in der Mitte des Werkes, diese Distanzierung? Einen Hinweis gibt vielleicht die schon länger aufgetauchte und nun durch die Forschungen des israelischen Historikers Eugene J. Weinraub, Chretien's Jewish Grail. Chapel Hill 1976. – Hier wird mit überzeugenden Argumenten der jüdische Hintergrund der Gralserzählung des Chrestien wahrscheinlich gemacht. Deshalb kann die Vermutung geäußert werden, Wolfram habe vielleicht erst während seiner Arbeit an der Gralsdichtung des Chrestien von dessen jüdischer Herkunft erfahren und sich nun nach einem weiteren, unverdächtigen, Zeugen umgesehen. Den gab es natürlich nicht, und so musste er ihn erfinden. Dabei ist er nicht ohne Umsicht vorgegangen.

Zunächst ist es ein Element des historisch Wahrscheinlichen und deshalb Plausiblen, dass die Quelle im spanischen Toledo gefunden wurde. Diese Stadt war schon eine Hauptstadt des Westgotenreiches, dann Sitz eines arabischen Taifas und seit der Wiedereroberung durch Alfons X. von Kastilien und Leon im Jahre 1085 war es die Hauptstadt seines Reiches (1087). In dieser Stadt blühte nun zwei Jahrhunderte lang die Übersetzerschule von Toledo, in der die arabische Wissenschaft an das christliche Europa vermittelt wurde. Davon profitierte die Artistenfakultät, die mit den arabischen Kommentaren zu Aristoteles bekannt wurde, vor allem aber die Medizin, Astronomie und Mathematik, denn in diesen Wissenschaften war die arabische Kultur damals führend.

So ist es also in der Fiktion des Wolfram der Naturkundige Flegetanis, auf den die teils astrologisch, teils durch eine Vision begründete erste Kenntnis von den Mysterien des Gral zurückgeht. – Zur Sicherung baut Wolfram dann noch die Angabe ein, dass der christliche Vermittler des Gralswissens, Kyot, auch noch lateinische, also unverfänglich-christliche Quellen beigezogen habe. Soviel also zu Kyot, dessen Historizität immer noch von einigen ahnungslosen Germanisten vertreten wird.

Inhaltlich ist aus den Mitteilungen Wolframs festzuhalten, dass der Gral von Engeln auf die Erde gebracht und dort zurückgelassen wurde, und zwar in der Obhut einer eigens ausgewählten Familie und so ist zu ergänzen, einer besonderen Ritterschaft.

Merkwürdig ist dann noch die Rede von der „schuldigen Erde". Das stimmt nicht ganz mit den christlichen Lehren von der Erbsünde überein, denn danach haben sich die Menschen schuldig gemacht und so erst die Erde mit ins Verderben gerissen (Die Schöpfung „seufzt und liegt in Wehen" bei Paulus, Rom 8,22). Wenn aber die Erde und damit die Materie schuldig sein soll, dann weist das eher auf den nahöstlichen Dualismus hin. Wolfram, der sich übereifrig von seinem Vordichter Chrestien distanzieren will, merkt gar nicht, dass er sich als Manichäer enttarnt.

Wichtig für die Parzivalgeschichte ist aber, dass er durch seine Mutter Herzeloyde in die Gralsdynastie gehört und eigentlich schon Erbe des Grals ist, den er verfehlt hat und nun wiedergewinnen will.

Parzival kommt also zum Einsiedler Tevrizent und offenbart sogleich seine neugewonnene bzw. aufkeimende Bußgesinnung: „Herrn nun gebt mir Rat! Ich bin ein Mann, der Sünde hat" (269). Tevrizent versorgt sein Pferd und nimmt ihn in seine Höhle auf. Er versieht ihn auch mit einem wärmenden Rock; man kann sagen, er „bemuttert" ihn. Sodann führt er ihn mittels eines Kalenders, den er in seinem Psalter hat, wieder in die christliche Zeitrechnung zurück – eine erste wichtige Orientierung.

Sodann trägt er ihm, obwohl er gleich klarstellt, dass er nur Laie sei und alles Wissen nicht aus einem Studium, sondern aus der Lektüre der Heiligen Schrift habe, eine merkwürdige Theologie vor. Daraus sei diese Wendung hervorgehoben: Er erzählt die Geschichte der ersten Menschen nach der Genesis und drückt sich dabei so aus, da einer von ihnen – gemeint ist Kain – seiner Großmutter die Jungfräulichkeit nahm. Auf Parzivals Frage, wie das angehe, erläutert er: „Die Erde war Adams Mutter, denn er lebte von den Früchten der Erde, sie war seine Nährerin. Gleichwohl war die Erde eine Jungfrau [...]. Adam war Kains Vater, Kain erschlug Abel um kümmerlichen Gutes willen. Als nun Blut auf die reine Erde fiel, war ihre Jungfräulichkeit dahin" (274). – Das folgende sei übergangen. Parzival bekennt dann: „Meine höchste Not ist um den Gral, danach um meine Frau" (276). Jetzt erst geht ihm auf, seit wie vielen Jahren er sich schon von ihr getrennt hat. – Tevrizent lobt seine eheliche Treue und enthüllt ihm die Geheimnisse des Grals.

Er beginnt mit den Gralsrittern, den Templeisen. „Sie leben von dem Steine her, der ganz reiner Art ist". Er nennt auch seinen Namen: Lapsit exillis (277), und er zählt seine wunderbaren Kräfte und Eigenschaften auf. Dazu gehört, dass ein Mensch, der ihn sieht, in der Woche darauf nicht sterben kann. Die Menschen, die in seiner Nähe leben, bleiben am Leben, und wenn ihr Leben zweihundert Jahre währen sollte; nur ihr Haar wird grau. – Seine Kraft empfängt der Stein vom Himmel: gerade heute, wie an jedem Karfreitag, lasse sich eine Taube vom Himmel darauf nieder und lege eine weiße Oblate darauf ab. So wird der Gral mit der Eucharistie verbunden und in den Zusammenhang mit christlichen Heilsvorstellungen gebracht.

Weiterhin erscheine eine Schrift auf dem Steine mit dem Namen dessen, der zum Gral berufen wird. (Wie angesichts dieser Aussagen der Gral mit der Alchemie verbunden wird, bleibt unerfindlich: Angehöriger des Grals wird demnach ein Mensch nicht durch das Opus, also durch eigene Anstrengung, sondern durch die Gnade.) Über die Herkunft des Grals sagt er dann noch, dass diejenigen unter den Engeln, die bei dem Kampfe Luzifers mit den guten Engeln weder auf der einen noch auf der anderen Seite standen, mussten zur Erde „herniedersteigen zu diesem Steine" (278). Über ihr weiteres Schicksal wisse er nichts, ob auch sie in Gnade aufgenommen worden seien. Jedenfalls hüten seither die Menschen den Gral, die Gott dazu berufen habe (279).

Nun folgt die Geschichte des Anfortas. Er war Hütter des Grals, aber ein unmäßiges Liebesverlangen ließ ihn schuldig werden. Davon gleich mehr. Zuvor aber gesteht Parzival seinen Mord an Ither. Da klärt ihn Tevrizent auf, dass er in ihm sein eigenes Blut, d.h. einen Verwandten erschlagen habe. Er fügt gleich hinzu, dass auch seine eigene Schwester, Herzeloyde, um Parzivals Willen gestorben sei. Nun hört dieser, dass er Schuld am Tode seiner Mutter sei, die tot umgefallen sei, als er sie verlassen habe (281). – Tevrizent berichtet dann noch von zwei weiteren Schwestern, Schoysiane und Repanse de Schoye und nimmt die Erzählung von seinem Bruder Anfortas wieder auf.

Er sagt, dass derjenige, der den Gral zu hüten habe, keine andere Frau lieben dürfe als diejenige, die ihm bestimmt und angetraut sei. Nun entbrannte aber Anfortas zu einer Freundin und ritt allein auf der Suche nach unerlaubten Abenteuern aus. Da wurde er in einen ritterlichen Kampf verwickelt und beim Tjostieren so unglücklich an den Hoden verwundet, dass die Wunde nie heilen konnte. Ein Heide hatte ihn mit einem vergifteten Speer dort getroffen, und ein Teil des Eisens blieb in der Wunde zurück. (283). Da gelobte Tevrizent, dem Rittertun zu entsagen und für seinen Bruder als Einsiedler Buße zu tun. – Er verbreitet sich nun über die verschiedensten Versuche, den verwundeten Anfortas zu heilen, aber alles blieb vergeblich. Schließlich hätten die Ritter erfahren, dass ein Ritter kommen sollte und nach dem Verletzten fragen solle. Dann würde der Kummer ein Ende haben. Diese Frage hätte Parzival stellen sollen, und gerade das hatte er versäumt. So ist er unwissend an seiner eigensten Bestimmung schuldig geworden (285).

Die beiden versorgen nun das Pferd mit Eibenzweigen und nehmen selbst die allerkargste Mahlzeit zu sich. Dann nimmt Tevrizent die Erzählung wieder auf. Er fragt, ob Parzival den Speer gesehen habe: damit hat es diese Bewandtnis: Wenn der Stern Saturn den höchsten Stand erreicht habe, schmerze die Wunde des Anfortas derart, dass kein anderes Mittel Erleichterung bringe, als den Speer in die Wunde zu stechen; davon sei er so blutig rot (289). Auch bei Mondwechsel habe er besonders zu leiden. E. Jung und M.-L. von Franz interpretieren dies als ein „destruktives weibliches Element" (Graal 208). Tevrizent fügt hinzu, dass der kranke König weder reiten könne noch gehen noch liegen. Um ihm Erleichterung zu verschaffen, trägt man ihn daher bei mildem Wetter an den See Brumbane. Das habe zu dem Gerücht geführt, er sei ein Fischer (290).

Von seinem ersten Besuch beim Gral berichtet Parzival nun, er habe dort fünfundzwanzig Jungfrauen gesehen, die dort Dienst taten. Das bestätigt Tevrizent und fügt hinzu, sie geben und nehmen Gewinn: sie erhalten schöne Kinder von hoher Abstammung. Für den Gral werden also eigens die Ritter und Diener herangezogen. Aber wer sich zum Dienst am Gral verpflichte, muss auf Frauenminne verzichten. Nur der König lebe in legitimer Ehe. Tevrizent ermahnt Parzival noch eindringlich, Buße zu tun für den erschlagenen Ither und für seine tote Mutter. Aus den Gesprächen um den ersten Besuch beim Gral ist noch hervorzuheben, dass Parzival jetzt erfährt, wer ihm den Mantel geliehen hatte: es war die Schwester seiner Mutter (296). Parzival bleibt im ganzen vierzehn Tage bei dem Einsiedler, dann „schied ihn dieser von den Sünden", d.h. er erteilt ihm, obwohl Laie, die Absolution. Zuletzt fragt Parzival noch: „Wer war eigentlich der Mann, der vor dem Grale lag? Er war ganz grau, obwohl er noch recht frisch aussah", und er hört diese Antwort: „Das war Titurel.

Er ist Deiner Mutter Großvater." Er leide jetzt am Podagra, könne aber nicht sterben, weil er ja immer den Gral sehe. – Dann gibt er ihm noch den durchsichtigen Rat mit auf den Weg, den Priestern mit Ehrfurcht zu begegnen, und sie scheiden von einander (297). Nun schaltet der Dichter, um die Spannung zu erhöhen, einen ganz neuen Handlungsstrang ein: die Abenteuer Gawans. Davon soll hier aber nicht die Rede sein.

Nachdem der Belehrung Parzivals durch den Bruder seiner Mutter ein so breiter Raum gegeben werden musste, kann der letzte Teil der Handlung in geraffter Form berichtet werden. Parzival hat zunächst noch einen ritterlichen Kampf mit Gawan zu bestehen. An dessen Ende ruft er aus: „Mich selbst habe ich in ihm besiegt" (402). Darauf wird er wieder in die Artusrunde aufgenommen (408). Er hat dann noch einen Kampf mit dem König Gramoflanz zu bestehen. Die allgemeine Versöhnung wird in mehreren Eheschlüssen gefeiert (425).

Nun denkt Parzival wieder an seine verlassene Frau und bricht heimlich auf. Auf dem Wege trifft er einen geheimnisvollen Fremden, mit dem er auch einen Kampf zu bestehen hat und der sich als sein Bruder Feirefiß herausstellt, der Sohn seines Vaters Gachmuret mit der Heidin Belakane. Zu dieser Zeit ist Feirefiß selbst noch Heide. Die Brüder erkennen und versöhnen sich. (435). Von Feirefiß heißt es, er habe am ganzen Körper schwarze und weiße Haut, nur seine Lippen seien rot (440).

Es kommt nun zu einem großen Fest der gesamten Artusritterschaft, und das gibt dem Dichter die Gelegenheit, noch einmal viele klangvolle Namen zu nennen. Seine Zuhörer dürften auch das genossen haben. Bei dem Fest waren viele ungeschminkte frische Frauenantlitze zu sehen, wenn, wie Wolfram sagt, „Kyot die Wahrheit berichtet hat" (451). So wird er ein letztes Mal erwähnt. Es erscheint nun Kundrie, und ihr feierlicher Aufzug wird wortreich geschildert. Diesmal hat sie eine gute Nachricht für Parzival: „wohl Dir, Gachmurets Sohn! [...] Du sollst Herr des Grales sein, und Dein Weib Kondwiramur und Dein Sohn Loherangrin sind beide mit Dir dorthin berufen" (454).

Damit erfahren wir zum ersten Mal den Namen des Sohnes, den Parzival selbst noch nicht gesehen hat. – Die gelehrte Kundrie hält dann noch eine Vorlesung über die Kraft der Planeten und verkündet: „Alles, was im Umkreis der Planeten ist und was ihr Glanz bescheint, ist Dir zu erreichen und zu erwerben bestimmt" (454). Sie nennt auch noch die arabischen Namen der Planeten. Zuletzt erhält er auch von ihr eine Art Absolution: „Du hast der Seele Ruh' erstritten und des Lebens Freude in Sorgen erharrt" (454). Sie sagt ihm auch zu, ihn selbst zur Gralsburg zu führen (455). Er sagt noch, was Tevrizent ihm berichtet habe: „dass keiner je den Gral erkämpfen könne, außer wer von Gott berufen ist. Diese Kunde breitete sich über alle Länder aus: dass kein Kampf den Gral erwerben könne. Da gaben viele Leute die Absicht auf, nach dem Gral zu streben. Davon ist er noch heute verborgen" (457).

Unterdessen leidet Anfortas immer noch an seiner Wunde. Sein Gefolge versucht vergeblich, ihn mit der Kraft der Edelsteine zu heilen. Das gibt Wolfram die Gelegenheit, alle die herrlichen Namen dieser Naturwunder aufzuzählen. Schließlich naht der vorbestimmte Retter und stellt die entscheidende Frage: „Oheim, was wirret Dir?" (463). Sogleich stellt sich die Wirkung ein und es heißt: der den Lazarus auferstehen ließ, half, dass Anfortas gesund wurde.

Nun wird Parzival zum König und Herrn erklärt. Er besucht noch einmal Tevrizent. Der sagt: „Ein größeres Wunder ist kaum je geschehen, als das Ihr von Gott ertrotzt habt" (464). Von verschiedenen Seiten reisen Parzival und Kondwiramur aufeinander zu. Diese hat nicht nur ihren Sohn Loherangrin bei sich, sondern auch dessen Zwillingsbruder Kardeiß. So trifft Parzival sie in ihrem Zelt, und der Dichter sagt: „Ich glaube, er pflog nun Kurzweil bis in die Mitte des Morgens" (467). Man wird ihm dies nach fünfjähriger Trennung nicht als Verliegen anlasten.

Auch Feirefiß wird mit ins Gralsschloß genommen, kann aber, da er noch Heide ist, den Gral nicht sehen: er erkennt nur dessen seidene Unterlage (471). Darauf lässt er sich taufen (476), und er kann es kaum erwarten, mit Repanse de Schoye verheiratet zu werden. Ihrer beider Sohn erhält den Namen Johann und wird als der Priester Johannes einst König in Indien (478). Dort verkündet Feirefiß den christlichen Glauben. Der Dichter deutet dann noch die späteren Geschicke Loherangrins an und schließt mit diesem Kompliment an seine Zuhörerinnen: „Gute Frauen, wenn sie Urteil haben, schätzen mich – falls mir überhaupt eine etwas Gutes gönnt

– um so höher, seit ich diese Geschichte vollendet habe. Geschah es um eines Weibes willen, so soll sie mir süße Worte sagen." (482).

Ist dem noch etwas hinzuzufügen, das der Interpretation dienlich sein kann? Vielleicht dies: E. Jung und M.-L. von Franz machen darauf aufmerksam, dass am Ende des Parzivalepos eine Vierheit hergestellt wird: Parzival wird mit Kondwiramur vereint, und Feirefiß heiratet die Gralsträgerin Repanse de Schoye (Graal 306). Die Autoren unterstreichen die Bedeutung des Werkes mit der Feststellung: die Gralsgedichte antizipieren weit in die Zukunft reichende seelische Probleme (ib. 308). Dass für die Hörer und Leser die Geschichte mit dem Ende von Wolframs Epos noch nicht abgeschlossen war, darauf weisen die Fortsetzungen hin, von denen der „Jüngere Titurel" des Albrecht von Scharfenberg (um 1270) erwähnt sei. Er führt die Gralshandlung nach Asien, wo, wenn man einigen Interpreten folgen mag, auch die Wurzeln vieler Motive zu suchen sind.

Am Ende unseres Weges in der Begleitung des Parzival bleibt noch die Frage, ob auch ein Mensch am Ende des zwanzigsten Jahrhunderts sich mit seiner Suche identifizieren kann. Nimmt man die Hinweise aus einer zahlreich sprießenden Literatur um den Gral ernst, dann könnte diesem Mysterium noch eine große Zukunft beschieden sein.

Schota Rustaweli
Der Mann im Pantherfell

Die Suchwanderung in einem mittelalterlichen
Heldenepos aus Georgien

„Vephchis tqaosani" lautet der Titel der Dichtung in der Originalsprache, die ich Ihnen heute als ein Beispiel für eine Suchwanderung vorstellen möchte. Wenn ich den Titel auf Deutsch wiedergeben soll, komme ich in Verlegenheit; denn jeder Übersetzer gibt für das erste Wort einen anderen Tiernamen. Arthur Leist, der erste deutsche Übersetzer dieser georgischen Dichtung, übersetzte 1889 „Der Mann im Tigerfelle", Hugo Huppert nennt seine Nachdichtung ähnlich, „Der Recke im Tigerfell" (1955), die neue Prosaübersetzung von Ruth Neukomm, die ich für dieses Referat zugrundelege, heißt „Der Mann im Pantherfell", und eine französische Übersetzung entscheidet sich für das Fell eines Leoparden.

Nun gilt zwar die georgische Sprache als extrem schwierig, und sie galt früher für unerlernbar, aber diese Abweichung im Namen der großen Raubkatze ist doch merkwürdig. Soviel scheint jedoch festzustehen: es ist keinesfalls ein Lammfell, in das sich der Held dieser mittelalterlichen Dichtung hüllt. Wenn auch die Interpreten darüber streiten, welches die richtige Übersetzung ist, können wir dennoch aus dem Charakter der genannten Tiere – Tiger, Panther, Leopard – entnehmen, dass es um einen dramatischen Handlungsablauf geht, der nicht durchweg friedlich sein dürfte.

Nicht nur der Name der um 1200 entstandenen Dichtung gibt den Übersetzern Rätsel auf, auch über den Verfasser weiß man nicht viel zu berichten. Er selbst nennt sich Rustaweli, das ist „der Mann aus Rustawi"; der Name Schota taucht erst viel später in der Überlieferung auf und ist daher nicht gesichert. Wir hätten somit eine im Mittelalter nicht unübliche Bezeichnung eines Autors nach seinem Herkunftsort. Leider gibt es gleich zwei Ortschaften dieses Namens in Georgien, und so ist auch die Herkunft des Autors nicht zweifelsfrei festzustellen. Über die Person des Autors weiß die Überlieferung sonst nur noch zu berichten, dass er Geheimschreiber der Königin Thamar gewesen sei, der er auch das Werk gewidmet hat. Übrigens heißt das eine der beiden Alphabete, die die georgische Sprache kennt, „Kriegerschrift". In diesem ist das Werk überliefert. Die andere der beiden Schriftarten heißt „Mönchsschrift", sie war dem sakralen Gebrauch vorbehalten. Der Autor dürfte sie aber auch gekannt haben, wenn es zutrifft, was die Überlieferung sonst noch über ihn berichtet, dass er nämlich als Mönch in Jerusalem gestorben sein soll. Tatsachlich existiert dort ein Grabstein, der seinen Namen festhält.

Wenn man diese beiden einzigen Fixpunkte seiner irdischen Laufbahn erwägt – zuerst in hoher Vertrauensstellung bei der Königin, der er seine große Helden- und Liebesdichtung zu Füßen legt – manche nehmen sogar an, die Königin habe ihn dazu angeregt oder ermutigt – und am Ende seines Lebens ist er Mönch im Heiligen Land, so möchte man einen ganzen Roman dahinter vermuten. Kierkegaard sagt, nur die Frau, die ein Mann nicht bekommt, macht ihn zum Dichter. Fest steht allerdings nur, dass die Königin ihren vertrauten Beamten nicht geheiratet hat.

Bevor wir nun auf die Dichtung selbst zugehen, ist vielleicht die Frage nicht überflüssig: was wissen wir überhaupt von Georgien und seiner Kultur? Es wäre doch sehr bedauerlich, wenn uns dazu nur der Name des Josef Dschugaschwili einfiele, der dort geboren ist, und den die Geschichte unter seinem nom de guerre Stalin verzeichnet. Vielleicht fällt uns aber auch noch Edward Schewardnadse ein, der ehemalige Außenminister der Sowjetunion und derzeitige Präsident Georgiens, der es verdient, wegen seiner Verdienste um die deutsche Wiedervereinigung mit Dankbarkeit erwähnt zu werden. Auch der Dichter Grigol Robakidse ist vielleicht manchen bekannt, der nach der Oktoberrevolution als Emigrant in Deutschland gelebt, mehrere Romane veröffentlicht hat und wegen eines einzigen törichten Buches, in dem er dem Führer des nationalsozialistischen Deutschlands als möglichem Befreier seiner Heimat huldigte, nach dem Krieg erneut emigrieren musste. Er starb 1962 in der Schweiz.

Bei näherem Zusehen erweisen sich die deutsch-georgischen Kulturbeziehungen als durchaus vielfältig und bunt gemischt. Da wäre aus älterer

Zeit die dramatische Dichtung „Catharina von Georgien oder Bewährte Beständigkeit" des Barockdichters Andreas Gryphius (1616-1684) zu erwähnen, die nach 1646 entstanden und 1657 zum ersten Mal gedruckt erschien. Sie handelt von dem authentischen Geschick der georgischen Königin Catharina, die in die Hände des damaligen Schahs von Persien gefallen war. Drei Jahre hielt er sie gefangen und bot ihr an, Königin von Persien zu werden, wenn sie sich bereitfände, ihn zu heiraten und zum Islam überzutreten. Sie weigerte sich standhaft und wurde im Jahre 1624 zu Tode gemartert, was der Tyrann angeblich bedauerte, als es zu spät war.

Von diesem Ereignis erfuhr der deutsche Dichter aus einer französischen Quelle und stellte den dramatischen letzten Tag im Leben der unglücklichen Königin dar. Im vorigen Jahrhundert veröffentlichte Friedrich Bodenstedt (1819-1892) nach längerem Aufenthalt in Georgien „Die Lieder des Mirza Schaffy" (1851), eine Gedichtsammlung, die ungewöhnlichen Erfolg hatte und, immer wieder erweitert, zahlreiche Auflagen erreichte. Es handelte sich dabei um eine literarische Fiktion; nur ein Gedicht war eine Nachdichtung aus dem Georgischen, alle übrigen reine Phantasieprodukte des vielseitigen Autors. Das Publikum störte das wenig, und es schwelgte in Erinnerungen aus dem „Westöstlichen Divan" und in den leicht eingängigen Gedichten im gefälligen Heineton, die einen Hauch von Exotik in das nüchterne Deutschland der Gründerjahre brachten.

Der ehemaligen DDR würde man gern nähere Beziehungen zu diesem Land zutrauen, das doch zu den sozialistischen Bruderländern gehörte. Nachdem dort die schon erwähnte Nachdichtung von Hugo Huppert (1955) erschienen war, machten sich um 1970 zwei Dichter zu einer literarischen Expedition in den Kaukasus auf. Sie gaben als Ergebnis ihrer Reise 1971 die Sammlung „Georgische Poesie aus acht Jahrhunderten" heraus. Ihre Namen sind Adolf Endler und Rainer Kirsch, und mit von der Partie war noch Elke Erb, die Frau des Ersteren. Dieser hat dann noch 1978 ein kleines Buch über diese Reise veröffentlicht, in dem man eine Menge Atmosphärisches über das Land erfährt: „Zwei Versuche, über Georgien zu erzählen." Es ist heute noch vergnüglich zu lesen, wie die reisenden Dichter in dem südlich-lebhaften und etwas anarchischen Georgien, das in der Phantasie lebt, und in dem anscheinend jeder männliche

Einwohner ein Poet ist, so etwas wie ein Kontrastprogramm zum Grau in Grau der DDR erlebt haben. Immer wieder berichtet Endler fassungslos, was dort alles nicht geregelt ist, und welche Großzügigkeit im Umgang die Menschen an den Tag legen.

Adolf Endler erwähnt auch schon Giwi Margwelaschwili, allerdings noch ohne nähere Angaben über sein wechselvolles Lebensschicksal. Wir dürfen diesen Dichter, der im Jahre 1929 als Sohn eines georgischen Emigranten in Berlin geboren ist und der deutsch schreibt, getrost zur deutschen Literatur zählen. Nach dem Krieg wurde er zusammen mit seinem Vater in die Sowjetunion verschleppt, dort durch verschiedene Lager gezogen, wobei sein Vater umkam, und nach dem Tode des bereits erwähnten finsteren Tyrannen schließlich entlassen. Er konnte sogar studieren und verdient seither sein Brot an der Philosophischen Fakultät der Universität Tbilisi (Tiflis), wo er unter anderem auch Heidegger interpretiert. Er soll auch schon Texte aus dem schwierigen Deutsch dieses Denkers in sein nicht minder schwieriges Georgisch übertragen haben, das sich wegen der Vielfalt seiner Ausdrucksmöglichkeiten für Übersetzungen aller Art hervorragend eignet. Von ihm selbst können Sie das Werk „Muzal. Ein georgischer Roman" lesen, das im Jahre 1991 im Insel-Verlag erschienen ist.

So blickt also Georgien nach Westen; aber hat Europa wahrgenommen, was dort für ein Land am Südabhang des Kaukasus auf seine Entdeckung wartet? Wer nach Georgien reist, und sei es nur literarisch, betritt uralten mythischen und geschichtsträchtigen Boden. Im Altertum war das Land bekannt als die Kolchis, und es war die Heimat der durch die Argonautensage und die Dichtung des Euripides bekannten Königstochter Medea, die dem Jason folgt und ins Unglück gerät.

Das Land liegt im Schnittpunkt mehrerer alter Handelswege, auf denen auch vielfache kulturelle Einflüsse transportiert wurden. Vom Süden her empfing es den Einfluss Persiens, Griechenlands und des östlichen Mittelmeerraums, im Osten reichten die Beziehungen bis nach China. Vieles davon spiegelt sich auch in der Dichtung, die ich Ihnen zeigen möchte. –

Georgien wurde auch schon früh christlich, etwa um dieselbe Zeit, als die ersten christlichen Boten das Rheinland erreichten. Bereits um die Mitte des 4. Jahrhunderts war das Christentum dort Staatsreligion; nur

Armenien war früher als Ganzes christlich. Im Jahre 980 gründeten georgische Mönche das Kloster der Iberer auf dem Berg Athos, und sie ließen sich auch im Heiligen Land nieder. Darum ist es nicht unwahrscheinlich, dass das auch für den Dichter des Heldenepos zutrifft, das uns heute beschäftigt; das Kloster der Iberer erinnert an den alten Namen Georgiens und seiner Bewohner, Iberi, während die Iberische Halbinsel im Westen Europas ihren Namen vom Fluss Ebro hat.

Von der wechselvollen Geschichte Georgiens brauchen wir nur so viel zu erinnern, dass das ursprünglich zusammengehörige Reich im Laufe der Jahrhunderte in mehrere selbständige Fürstentümer zerfiel, die im Jahre 1008 von Bagrat III. wieder zu einem einheitlichen Staat zusammengefasst wurden. Unter den folgenden Herrschern kam es zu einer außerordentlichen Blütezeit für Georgien; genannt seien David III., der Erneuerer, 1085-1125, Georg III., 1154-1184 und dessen Tochter Tamar, die von 1184 bis 1212 regierte. Unter ihrer Herrschaft wirkte der Dichter des Heldenliedes „Der Mann im Pantherfell", das als das georgische Nationalepos gilt und neben die Ilias, die Aeneis und die Lusiaden gestellt werden kann.

Später hatte das Land unter den Einfällen der Mongolen zu leiden, konnte aber seine Selbständigkeit wiedergewinnen und bis zum Jahre 1801 bewahren, als Alexander I. das Land unter dem Vorwand, es vor den Türken zu schützen, zur russischen Provinz machte. – Nach der Oktoberrevolution bestand für wenige Jahre ein selbständiger georgischer Staat, der dann von 1921 bis zum Zerfall des sowjetischen Imperiums unter dem Namen Grusiniens eine Sowjetrepublik war.

Seither ist Georgien wieder ein selbständiger Staat und geht – so wollen wir ihm wünschen – einer neuen Blütezeit entgegen. So viel zur Orientierung über dreitausend Jahre georgischer Geschichte.

Die Dichtung, mit der ich Sie nun endlich bekannt machen möchte, besteht aus über 1600 vierzeiligen Strophen. Die Übersetzerin, Ruth Neukomm, hat sich aus einleuchtenden Gründen für eine Prosaübertragung entschieden, und so liest sich das Ganze in ihrer Version fast wie eines der Märchen aus Tausendundeiner Nacht. In der Tat gibt es hier manche Anklänge und auch das eine oder andere Märchenmotiv. Der Dichtung ist im Original ein Prolog vorangestellt, den die Übersetzung jedoch erst im Anhang mitteilt. So können wir uns auch gleich der spannenden Handlung zuwenden.

Der mächtige König Rostewan von Arabien hat ein gewisses Alter erreicht und möchte seine Nachfolge regeln. Er hat keinen männlichen Erben, und so beschließt er, seiner Tochter Tinatin das Reich zu übergeben. Er ruft die Großen seines Landes zusammen und eröffnet ihnen seinen Beschluss. Die Mächtigen haben keine Einwände, sie sagen: „Die Löwenjungen sind dem Löwen gleich, ob sie nun Löwin oder Löwe seien" (9). Sogleich werden die Insignien der Macht, Krone und Zepter, seiner Tochter Tinatin übergeben, und sie wird mit dem Purpurmantel umgeben, der ihre Würde anzeigt. – Hier ist sogleich zu bemerken, dass diese Einzelzüge unmöglich nach Arabien gehören, sondern eher die Krönung der georgischen Königin Tamar widerspiegeln, in deren Dienst der Dichter Rustaweli stand. – Zur Krönung gibt es ein großes Fest, und die neue Königin gibt ihre erste Anordnung: sie lässt alle Schätze herbeiholen, Gold, Silber und Edelsteine, die so groß sind wie Hühnereier, und sie verteilt sie unter ihre Untertanen. Auch die edlen Pferde lässt sie aus den Ställen führen und verschenkt sie an ihre Soldaten. Diese und die anderen Untertanen raffen die verteilten Schätze an sich „wie Türken bei der Plünderung."

Nun wird von einem in leicht scherzhaftem Ton geführten Streitgespräch zwischen dem alten König Rostewan und seinem obersten Heerführer Awtandil erzählt. Der König besteht darauf, dass er noch immer der beste Bogenschütze sei, aber der junge Held Awtandil, in dem sich wohl der Autor ein ideales Portrait gezeichnet hat, hat die Kühnheit, das zu bestreiten: er selbst sei der beste Schütze. Der großzügige König, der den jungen Krieger selbst wie einen Sohn aufgezogen hat, nimmt ihm diesen Ehrgeiz nicht übel und fordert ihn stattdessen zu einem sportlichen Wettkampf heraus. Beide ziehen auf die Jagd und lassen sich das Wild zutreiben. Der König hat angeordnet, dass seine Begleiter objektiv die Treffer zählen und ohne Furcht das Ergebnis mitteilen sollen. Der König und sein junger Feldherr senden Pfeil auf Pfeil aus und erzielen eine märchenhaft große Strecke. Es stellt sich heraus, dass Awtandil die meisten Tiere erlegt hat.

Der König nimmt das Ergebnis gleichmütig hin und freut sich neidlos für den jungen Ritter.

Während sie noch das Gelände durchstreifen, gewahren sie einen fremden Ritter, der, gehüllt in ein Pantherfell, auf dem Boden sitzt und weint; wie bei Homer dürfen in diesem georgischen Epos die Helden ihre Gefühle zeigen, und das tun sie auch ausgiebig. Der König möchte wissen, wer der fremde Ritter ist, und er sendet seine Knappen aus, ihn zu fragen und herbeizuholen. Der aber reagiert mürrisch und ungehalten. Er hat eine furchtbare Waffe bei sich, die als armdicke geschmiedete Peitsche beschrieben wird, und er schlägt damit die ausgesandten Knappen tot. Dann steigt er auf sein schwarzes Pferd und verschwindet mit Windeseile.

Nun hat sich die Stimmung des Königs getrübt. Tief verletzt, weil sein Wille nicht befolgt, der fremde Ritter nicht zu ihm gekommen und stattdessen die Knappen erschlagen worden sind, kehrt er in den Palast zurück. Nun wird seine Tochter Tinatin aktiv, und es bleibt nicht das einzige Mal, dass eine Frau die Initiative ergreift und die Handlung voranbringt. Sie lässt Awtandil zu sich kommen und versichert ihn ihrer Liebe. Dann gibt sie ihm den Auftrag, den fremden Ritter zu suchen. Das verspricht Awtandil sogleich und wir verstehen: es handelt sich dabei um eine wichtige Bewährungsprobe. Bevor aus dem Verlöbnis eine Ehe werden kann, soll der junge Held sich zuerst bewähren. Damit ist er in den besonderen Stand eingetreten, den der georgische Dichter Midschnuri nennt, und den die Übersetzerin als besonderen Begriff des Heldenepos unübersetzt lässt. Awtandil, der über tausende von Soldaten verfügen könnte, reitet ohne Begleitung davon. Auch das gehört zum Stand des „fahrenden Ritters", dass er allein auszieht, um der Dame seines Herzens ihren Wunsch zu erfüllen. Nebenbei, vielleicht ist dieser Name des „fahrenden Ritters" eine geeignete Übersetzung für den so bedeutsamen Terminus des Midschnuri, wenn wir diesen, den wir alle zuerst in der Parodie des Cervantes kennengelernt haben, nun ohne alles Lächerliche und im vollen Ernst seiner Bewährung aufnehmen wollen, die ihn auf Schritt und Tritt in die Nähe des Todes führt und ihm den vollen Einsatz seiner Tapferkeit abverlangt.

Awtandil durchzieht ein volles Jahr alle Länder der Erde, ohne eine Spur des Ritters im Pantherfell zu finden. Der ist wie vom Erdboden

verschluckt, und niemand kann über ihn Auskunft geben. Da trifft er auf
ein paar Türken, die er zuerst für Räuber hält. Sie haben einen Gefährten
bei sich, der nur noch wenige Zeit zu leben hat, denn der Schädel ist ihm
von einem mächtigen Hieb gespalten. Da erkennt Awtandil: das ist die
Handschrift des fremden Ritters. Die Türken bestätigen es ihm: sie hätten
den fremden Ritter herausgefordert, der daraufhin ihrem Bruder den
Schädel gespalten habe mit einem Schlage seiner Peitsche, und der dann
auf seinem schwarzen Pferd verschwunden sei. Nun weiß Awtandil, dass
der Gesuchte in der Nähe sein muss. Er gelangt in eine bergige Gegend
mit vielen Höhlen und sieht schließlich den Ritter im Pantherfell von
fern. Anstatt ihm sogleich zu folgen, hält er zuerst besonnen inne und
beherrscht sein Verlangen, ihn sofort anzusprechen. Er macht sich nämlich
klar, dass der fremde Ritter in einem Zustand äußerster Verwirrung sein
muss, in dem er auf andere Menschen nur höchst unwillig und wie ein
wildes Tier reagiert, und er erkennt, dass man ihn nicht zum Äußersten
treiben darf. Also folgt er ihm in gehörigem Abstand und sieht schließlich,
wie er in einer Höhle verschwindet. Nun steigt er von seinem Pferd, es ist
ein weißes Ross, und behält den Eingang der Höhle im Auge. Es dauert
auch nicht lange, da kommt der Ritter wieder heraus und reitet davon,
ohne seinen Verfolger zu bemerken.

Nun nähert sich Awtandil vorsichtig dem Eingang der Höhle und sieht
nach einiger Zeit eine Frau, die aus der Höhle kommt. Sogleich stürzt er
auf sie zu und hält sie fest. Er fragt sie aufgeregt, wer jener Ritter sei, aber
diese will keine Auskunft geben. Da wird er zornig und setzt ihr das Messer
an die Kehle, aber sie will immer noch nicht reden.

Da sieht Awtandil ein, dass er in der Erregung zu weit gegangen ist.
Er fällt vor der Frau auf die Knie und bittet sie wortreich um Verzeihung.
Nun weint auch er, und die fremde Frau setzt sich zu ihm und weint mit
ihm. Sie offenbart immerhin ihren Namen, Asmat und deutet an, dass
der fremde Ritter ein außergewöhnlich unglückliches Los zu tragen habe.
Awtandil will mehr erfahren und versichert, dass er bereit sei, alles zu tun,
was in seiner Macht stehe, um das Schicksal des Ritters zu erleichtern,
nach dem er so lange gesucht habe, und er fragt, wann er wohl wieder
zurückkomme. Asmat antwortet, das wisse sie nicht; er versorge sie jedoch

regelmäßig mit dem Wild, das er erjagt habe. Awtandil möge also warten. Das tut er dann auch.

Er hat das Glück, dass der fremde Ritter schon bald mit einer Jagdbeute zurückkehrt. Asmat hat ihn im Inneren der Höhle verborgen und begrüßt den Ritter im Pantherfell. Sie bereitet von dem Wild eine Mahlzeit, aber der Ritter kann nichts zu sich nehmen und das Wenige, das er verschluckt hat, gibt er unzerkaut wieder von sich. Da macht ihm Asmat leise Vorwürfe. Sie sagt, hier in der Wildnis und fern von allen anderen Menschen werde er schwerlich erreichen, was er sucht. Sie geht einen Schritt weiter und bringt ihm vorsichtig bei, dass er einen Gefährten brauche, wenn er überhaupt etwas unternehmen wolle. Das sieht er auch ein, klagt aber, dass er ja so ganz ohne Freund und Helfer sei. Da hat ihn die kluge Asmat so weit, dass sie die Frage stellen kann: Wenn es einen Menschen gäbe, der bereit sei, ihm als Freund zu dienen und alle Gefahren mit ihm zu teilen, ob er ihn wohl anhören und bei sich dulden würde, ohne ihn sogleich zu töten? Da verspricht der Ritter, friedlich auf einen solchen Menschen zuzugehen. Nun kann Asmat Awtandil aus dem Innern der Höhle herbeirufen, und die beiden Ritter erkennen sich sogleich als ebenbürtig und brüderlich an. Sie schwören sich Freundestreue, und es folgt der große Bericht des Ritters im Pantherfell über sein bisheriges Leben.

Tariel, so heißt der fremde Ritter, ist ein Königssohn aus Indien. Sein Vater hat Lehensdienste bei dem mächtigen König Parsadan angenommen und sich ihm frei unterstellt als sein Kriegsherr. Der König erzieht seinen Sohn wie sein eigenes Kind, denn er und die Königin sind zunächst noch kinderlos. Als er fünf Jahre alt ist, bekommt die Königin eine Tochter. Sie wird Nestan Daredschan genannt. Als Tariel in seinem Bericht ihren Namen erwähnt, schwinden ihm die Sinne, und Asmat muss ihn mit einem Guss kalten Wassers wieder zu sich bringen. Das wiederholt sich noch mehrmals. Er berichtet, wie der König Parsadan seine Tochter in einem paradiesischen Garten aufgezogen habe, fern von den Blicken der Menschen, und nur von der vertrauten Asmat aufziehen und von wenigen Dienerinnen umsorgen ließ. Es wird deutlich, wie sich trotzdem zwischen der Königstochter und dem Sohn des Feldherrn eine Liebe auf Distanz anspinnt, und schließlich sendet ihm die Prinzessin sogar einen Brief durch ihre Vertraute, in dem sie ihm ihre Liebe erklärt. Der ist zunächst verwirrt und meint, Asmat sei in ihn verliebt, so wenig kann er glauben, was ihm da eröffnet wird. Er begreift dann aber doch, und es kommt zu einer ersten scheuen Begegnung der Liebenden.

Da greifen äußere Ereignisse ein, die unabweisbare Forderungen stellen. Tariel hat seinen Vater verloren und ein Jahr lang der Sitte gemäß betrauert, als ein gefährlicher Feind auftaucht, der das Land bedroht: Es ist der König der Chatajer, der den König der Inder herausfordert. Hier wird nun der kriegerische Mut des jungen Tariel auf die Probe gestellt, und es ist wiederum die geliebte Frau, die ihn in den Kampf gegen die Chatajer sendet. Diesen Volksstamm muss man sich irgendwo im weiten chinesischen Reich angesiedelt denken.

Es kommt nun zu gefahrvollen Augenblicken für den jungen Tariel, der die Feldherrnwürde von seinem Vater geerbt hat und für den König der Inder in den Kampf zieht. Mit List und Gegenlist kann er das Heer der Feinde schlagen und den König der Chatajer seinem obersten Herrn, dem König Parsadan, vorführen. Nun kommt es zu einem bemerkenswerten Wandel der Situation: Anstatt die Chatajer exemplarisch zu bestrafen, bietet ihnen der König Parsadan den Frieden an und die Feinde, die eben noch als Gefangene vorgeführt wurden, werden wie hohe Gäste geehrt und reich beschenkt. Wieder hat der Dichter die Gelegenheit, von unerhörten Schätzen zu berichten, die an die Chatajer verteilt werden. Die sind beschämt und geloben ihrerseits, Frieden und Gefolgschaft zu halten. So werden Beziehungen gestiftet, die an die europäischen Lehensverhältnisse im Mittelalter erinnern.

Tariel meint nun, die Belohnung für seinen heldenhaften Einsatz sei nahe, aber es kommt anders. Der König und die Königin, die von der Liebe der jungen Leute nichts ahnen, haben sich Gedanken gemacht, wem sie die Tochter zur Frau geben und wer ihr Nachfolger auf dem Thron werden könnte. Sie haben mit den Großen des Reiches darüber beraten und ziehen am Ende auch Tariel hinzu. Da ist aber schon entschieden: Es soll um den Sohn des Königs von Persien geworben werden. Er soll Schwiegersohn und Nachfolger werden. Das trifft Tariel wie ein Schlag, und er verstummt, ohne etwas einwenden zu können.

Als Nestan Daredschan davon erfährt, wen sie heiraten soll, lässt sie sogleich Tariel zu sich rufen. Sie schäumt vor Wut und macht ihm heftige Vorwürfe, dass er nichts gegen den Plan unternommen habe. Er versichert, dass alles schon beschlossen gewesen sei, als er hinzugezogen wurde, und dass er zunächst abwarten wollte, was er noch tun könnte, um den Plan zu verhindern. Die Prinzessin glaubt ihm schließlich, zumal er auf den Koran schwört und ihr seine Liebe und unverbrüchliche Treue versichert. Da verlangt sie auch gleich den Beweis: Wenn der persische Königssohn ankomme, solle er ihn töten, und zwar ihn allein, denn die Leute seines Gefolges seien schließlich unschuldig, und sie auch noch hinzuopfern, sei nicht zu vertreten.

Dieser Auftrag schließt also einen offenen Kampf aus, und Tariel dringt in das Zelt des fremden Gastes ein und erschlägt ihn ganz unritterlich. Nun muss er fliehen, und für die Prinzessin bricht eine lange Zeit grausamer Leiden an. Zunächst überschüttet die Schwester des Königs sie mit heftigen Vorwürfen, schlägt sie brutal und lässt sie von zwei finsteren Gestalten fortschaffen. Diese setzen sie in ein Boot, das hier eine „Arche" genannt wird, und fahren mit ihr aufs Meer hinaus. Die Schwester des Königs bringt sich in ihrer Raserei selbst um.

So stehen die Dinge, als der junge Held die Suche nach der verlorenen Geliebten aufnimmt und jahrelang in allen Hafenstädten vergeblich nach ihr forscht. Er hat sich mit einem Pantherfell bekleidet zum Zeichen dessen, dass er sich als ausgestoßen aus der Gesellschaft der Menschen betrachtet. Nur Asmat, die Vertraute seiner Geliebten und die Vermittlerin ihrer Botschaften, begleitet ihn. Er behandelt sie wie seine Schwester im Unglück. – Ich gebe die folgenden Episoden noch knapper wieder. –

Tariel trifft an der Küste auf einen verwundeten Ritter, behandelt dessen Wunden und hört seine Geschichte. Es ist der König Nuradin Pridon, der über ein kleines, aber glückliches Reich herrscht. Eigene Verwandte, die mit der Teilung des Erbes unzufrieden waren, haben ihm aufgelauert und ihn verletzt. Da kämpft Tariel mit diesen bösen Verwandten, besiegt sie und gewinnt so die Freundschaft des Nuradin Pridon. Er erzählt ihm von seiner vergeblichen Suche und erfährt, dass dieser König einmal ein Boot gesehen habe, das sich seiner Küste genähert habe, und aus dem zwei

Männer mit einer gefangenen jungen Frau ausstiegen. Als er auf sie zugehen wollte, seien sie jedoch wieder in See gestochen und verschwunden. So hat Tariel die erste Nachricht von der verlorenen Geliebten erhalten. Nuradin Pridon nimmt ihn gastlich auf und überzeugt ihn, es sei das Beste, wenn er selbst in alle Richtungen Boten und Späher aussende, die nach der Verschwundenen suchen sollten. Das geschieht, aber ohne jeden Erfolg. Da verabschiedet sich Tariel von seinem gastlichen Freund und zieht mit Asmat in die Wildnis, wo ihn am Ende Awtandil getroffen hat. Der sagt nun, nachdem er den Bericht zu Ende angehört hat, er müsse zunächst für kurze Zeit nach Arabien zurückkehren, denn er habe dort die Nachricht hinterlassen, dass man ihn für tot ansehen sollte, wenn er nach einem Jahr nicht zurückkomme. Diese Frist sei jetzt fast verstrichen. Er wolle also Nachricht geben und so bald wie möglich zur Höhle Tariels zurückkehren, um dann mit ihm die Suche nach der verlorenen Geliebten aufzunehmen.

So geschieht es, und Awtandil berichtet in der Heimat von dem Ritter im Pantherfell, und dass er geschworen habe, ihm zu helfen. Zu diesem Zweck bittet er den König Rostewan um die Erlaubnis, wieder fortziehen zu dürfen, aber der will ihn nicht gehen lassen. Seine versprochene Braut, die junge Königin Tinemin, hat aber Verständnis dafür, dass er sein dem Freunde gegebenes Wort auch halten müsse, und so übergibt er einem Vertrauten sein Testament und macht sich heimlich wieder auf den Weg in die Wildnis.

Als Awtandil wieder in die Gegend der Höhle kommt, in der Tariel mit Asmat haust, erblickt er eine seltsame Szene: Er findet Tariel verletzt zwischen einem toten Löwen und einer gleichfalls toten Pantherin. Als Tariel wieder etwas zu Kräften kommt, erzählt er von seinem merkwürdigen Erlebnis: Er habe den Löwen und die Pantherin zunächst in einer vertrauten Beziehung angetroffen. Dann habe aber der Löwe plötzlich angefangen, die Pantherin zu misshandeln, und so habe er eingegriffen und ihn erschlagen. Nun wollte er die Pantherin tröstend umarmen und küssen, als diese ihn mit scharfen Krallen angegriffen habe, so dass er sich wehren und auch sie erschlagen musste. Das habe ihn so verstört und traurig gemacht. Hier ist eine Episode geschildert, über die man lange nachsinnen kann: der unglückliche Tariel hat sich nicht nur in ein Tierfell gekleidet, er hat sich auch so weit in die Rolle der Tiere hineinversetzt, dass er in ihrem Streit vermittelnd eingreifen will und, als das nicht gelingt, der Pantherin ritterlich beisteht. Die aber benimmt sich keineswegs wie eine Dame, sondern sieht ihren Retter durchaus nicht als ihresgleichen an. Das muss dieser schließlich einsehen, und in der Gefahr wird er wieder in die Lage des Menschen zurückgezwungen, der sich seiner Haut erwehren muss. Hier ist mit subtilen Mitteln angedeutet, dass sich die Lage Tariels ändert.

Der erste Schritt dazu ist, dass Awtandil sich zu Nuradin Pridon begibt, um die verlorene Spur wieder aufzunehmen. Er greift das aber besonnener an. Als er auf eine Karawane von Kaufleuten trifft, denen er in einer großen Gefahr beisteht, lässt er sich von diesen in ihre Reisegesellschaft aufnehmen, weil er zu Recht meint, dass er in der Rolle eines reisenden Kaufmanns noch am ehesten etwas erfahren könne.

So gelangt er in der Hauptstadt eines Inselstaates, in dem wir etwa Ceylon vermuten dürfen, in das Haus der Kaufmannsfrau Patman, und nun beginnt eine Reihe weiterer Abenteuer mit leicht komischer Note. Es trifft sich, dass der Mann der Frau Patman gerade auf Reisen ist, und so verliebt sich diese in den vermeintlichen Kollegen. Dem widerstrebt das zunächst im Gedanken an die Königin Tinatin, aber er glaubt, hier ein Zugeständnis machen zu sollen, um vielleicht doch etwas zu erfahren.

Er wird also zu einem intimen Mahl geladen, als noch ein ungebetener Gast hinzukommt. Frau Patman klärt ihn schnell auf, dass der Ankömmling einmal ihre Schwäche ausgenutzt habe und sie nun in seiner Hand habe und sie gibt ihm den Auftrag, den lästigen Erpresser zu töten. Das geschieht. Nun kommt die alleingelassene Kaufmannsfrau zu dem ersehnten heimlichen Genuß, und Awtandil erfährt tatsächlich etwas über die gesuchte Nestan Daredschan.

Die nun folgenden Episoden sind teils roman- teils märchenhaft; je weiter Awtandil in den geheimnisvollen fernen Osten vorgedrungen ist, um so stärker treten die Märchenmotive aus Tausendundeiner Nacht hervor. Der Held erfährt also, dass eine gefangene junge Frau von zwei finsteren Begleitern an Land gebracht worden sei, aus deren Händen sie die resolute Patman befreit und in einem verborgen gelegenen Hause

untergebracht habe. Sie sei von der Schönheit der jungen Frau derart überwältigt gewesen, dass sie nicht anders gekonnt habe, als ihr jede mögliche
Hilfe angedeihen zu lassen. Alle ihre Freundlichkeit konnte aber nicht die
abgrundtiefe Traurigkeit der jungen Schönen überwinden.

Patman versorgte sie eine Zeitlang heimlich, musste dann aber doch
ihren Mann einweihen. Vergeblich beschwor sie ihn, den Mund zu halten,
zumal am Hofe, wenn er mit den Müßiggängern dort dem Wein zuspräche.
Das alles half aber nichts, der Wein löste dem alten Schwätzer die Zunge,
und er erzählte doch von dem Schützling seiner Frau. Das löste natürlich
eine neue Serie von Unglücksfällen aus, die ich aber wieder nur verkürzt
wiedergebe.

Zunächst hat der Herrscher des Inselstaates von der schönen Fremden
erfahren, die unter der Obhut der Frau Patman lebt. Der will sie sogleich
als Frau für seinen Sohn haben und schickt Boten aus, sie in den Palast
zu holen. Nestan Daredschan kann aber die Eunuchen mit Juwelen beste-
chen, die sie von Frau Patman zum Geschenk erhalten hat, und die Boten
lassen sich tatsächlich von den Kostbarkeiten blenden und die Prinzessin
kann fliehen. Sie reitet allein in der Verkleidung eines Mannes, bis sie von
einem Trupp räuberischer Kadschi entdeckt und in deren Land als Gefangene geführt wird. Der Name, der hier genannt wurde, löst Entsetzen aus,
so unheimlich ist alles, was man über dieses Volk erzählt, das noch weiter
östlich wohnt. Es steht nicht einmal fest, ob es zu den Menschen oder
eher zu den Dämonen zu rechnen ist. Wir können uns, wenn wir von
dem angenommenen Wohnort der Frau Patman, Ceylon, aus weiter nach
Osten gehen, vielleicht die Bewohner von Indonesien unter diesem Namen
vorstellen; und in der Tat gelten die Malaien noch immer als unheimliche
Leute.

Wir hatten also Nestan Daredschan in der wenig angenehmen Lage
verlassen und nehmen den Faden dort wieder auf, wo die Kadschi sie
umringt und in ihr Land fortgeführt haben. Es hat sie allerdings niemand
angerührt, so sehr hat sie ihre Schönheit auf Abstand gehalten. Selbst diese
unheimlichen und räuberischen Kadschi sind beinahe gezähmt von der
Gewalt der reinen Schönheit einer unberührten jungen Frau. Sie führen
sie lediglich fort und bringen sie zu ihrer Königin, die Witwe ist und zwei

Kinder hat. Für ihren Sohn und künftigen Herrscher, so meinen sie, sei diese überwältigend schöne Beute wohl die richtige Gefährtin. Sie kommt also in das Land der Kadschi und wird auf einer unzugänglichen Bergfestung gefangen gehalten.

Das alles hat Frau Patman inzwischen von reisenden Kadschi erfahren, und sie konnte sogar mit der unglücklichen Gefangenen in brieflichen Kontakt treten, denn, und hier wird es wieder märchenhaft, sie verfügt über zwei schwarze Gefolgsleute, die allerlei magische Praktiken beherrschen und auch unerkannt durch die Luft reisen können.

Diese luftbefahrenden Geister bringen also einen Brief zu Nestan Daredschan und erhalten von dieser eine Antwort für Frau Patman, von der wieder Awtandil die Nachricht über ihre neue missliche Lage erfährt. Der reist zunächst zurück zu Tariel, und sie erkunden gemeinsam die Höhle, in deren vorderen Bereich Tariel mit Asmat wohnt. Tariel hat die Höhle, das sei hier kurz nachgetragen, seinerzeit auch irgendwelchen Geistern im Kampf abgenommen.

Nun dringen die Freunde in das Innere der Höhle ein und finden – wieder ein Märchenmotiv – unerhörte Schätze, die dort aufgehäuft sind. Sie finden auch drei wunderbare Rüstungen, die sie an sich nehmen: je eine für Awtandil und Tariel, und die dritte für ihren gemeinsamen Freund Nuradin Pridon, zu dem sie jetzt reisen. Mit diesen Rüstungen versehen brechen sie gemeinsam ins Land der Kadschi auf, und sie nehmen noch dreihundert gut bewaffnete Krieger mit; eine realistische Zahl im Vergleich zu den Tausenden von Soldaten, die bei den vorangegangenen kriegerischen Auseinandersetzungen beteiligt waren.

Drei ritterliche Freunde haben sich also vereinigt, um die verlorene Geliebte des Tariel zu befreien. Nun überschlagen sich die Ereignisse, ich will aber nur das Ergebnis berichten: Es gelingt den vereinigten Helden, die Festung der Kadschi zu erobern und die darin gefangene Braut des Tariel zu befreien. Im Triumph ziehen sie zur Hauptstadt des Nuradin Pridon, der für Tariel und Nestan Daredschan eine prächtige Hochzeitsfeier ausrichtet.

Wieder werden reiche Geschenke an die Gefolgsleute und auch sonst an alle Einwohner der Stadt verteilt, und nach längeren Feiern zieht es

Awtandil dann doch zurück nach Arabien. Die glücklichen Freunde begleiten ihn, und sie machen einen Abstecher zur Höhle des Tariel. Nun nehmen sie auch die Schätze von dort mit und beladen zahlreiche Tragtiere damit. So geht es weiter im Triumph nach Arabien zum alten König Rostewan und zur jungen Königin Tinatin.

Nun erhält auch Awtandil die Belohnung für seine heldenhafte Ausfahrt, und er kann mit der Königin Tinatin Hochzeit halten. Das gibt wieder ein prächtiges Fest, und wiederum werden die märchenhaften Schätze aus der Höhle an die Untertanen verteilt. Nun muss nur noch die getreue Asmat versorgt werden. Sie wird allerdings nicht mit Nuradin Pridon verheiratet, sondern zur Königin über ein Reich in Indien erhoben. Am Ende zieht jeder der Helden in sein Reich, und sie besuchen sich noch, so lange ihr Erdenwallen dies gestattet. Damit steht am Ende der dramatischen Dichtung eitel Freude für alle und große Genugtuung für die Zuhörer.

Soll man nun noch einen pedantischen Kommentar folgen lassen? Das habe ich nicht vor. Ich möchte nur noch wenige Züge hervorheben und das orientalische Märchen nicht zerreden.

Da wäre zunächst an die reichhaltige Tiersymbolik zu erinnern und nochmals zu fragen, warum der unglückliche Tariel sich über Jahre in eine Tierhaut hüllen muss. Überdeutlich ist auch die Symbolik des schwarzen und des weißen Rosses.

Wichtiger ist sodann die Rolle der Frauen, die in jeder Phase der Handlung sich als die treibende Kraft erweisen. Dabei sind die „edlen" Gestalten der Königin Tinatin und der jungfräulichen Nestan Daredschan noch nicht einmal die interessantesten. Viel wichtiger noch als die eher repräsentative Herrscherin und das unglückliche Opfer so zahlreicher Wechselfälle ist die schlichte Asmat, die in ihrer unscheinbaren, aber treuen Beständigkeit erst das Überleben des Tariel ermöglicht und dann zu recht erhöht wird. Nicht vergessen sei aber auch die lebenstüchtige Kaufmannsfrau, die zuerst etwas zweifelhaft erscheint und dann doch sich als eine Frau mit einem goldenen Herzen erweist.

Besonders hinweisen möchte ich noch auf die Königsgestalten, die so sehr von allem abweichen, was man aus abendländischen Überlieferungen gewohnt ist. Bei ihnen wird nicht das Kriegerische hervorgehoben, sondern die überwältigend großzügige Art und Weise, in der sie ihre Reichtümer dem Volk spenden. Ich erinnere nochmals daran, dass die erste Amtshandlung der Königin Tinatin eine solche Spendenaktion ist, und diese in Europa unbekannte Form königlicher Huld wird noch mehrfach berichtet.

Darf man dazu eine Deutung wagen? Mir scheint, dass man an diesem Charakterzug der Könige in dem georgischen Epos sich klarmachen kann, was es bedeutet, dass ein Mensch König „von Gottes Gnaden" ist. Für uns ist ja das Gottesgnadentum der Könige nicht mehr als eine überkommene und reichlich verblasste Vorstellung. Hier wird es am konkreten Beispiel gezeigt, dass der König wirklich Gottes Gnade in Gestalt von märchenhaften Schätzen empfängt, die er aber keinesfalls nur horten und behalten darf, sondern an seine Untertanen weiterzugeben hat, wenn er seiner königlichen Stellung gerecht werden will.

Der König ist keineswegs die personale Spitze des Reiches, sondern er ist eingebunden in die große Hierarchie, die von Gott über die Erzengel und Engel zu den Königen und von diesen zu ihren mächtigen Ratgebern und Vertrauten bis hin zum letzten Bettler im Reich geht. Wenn man nun einen quasi materialistischen Gnadenbegriff annimmt, dann empfängt der König die Schätze, um sie zu verteilen, und zwar nicht aus Gutmütigkeit, sondern aus Pflicht! Wenn er sie nicht weitergäbe, dann würde sich gewissermaßen die Gnade bei ihm ungenutzt aufstauen, und die Untertanen hätten nichts davon. Also müssen sie von Zeit zu Zeit die Schatzkammern öffnen und die Reichtümer ausstreuen, wobei Gold und Edelsteine nur die ins menschlich-fassbare übersetzte Gestalt der unsichtbaren göttlichen Gnade sind, die die Könige an die Menschen vermitteln. Plötzlich erkennen wir, dass die Demokratie uns zwar einen Zuwachs an menschlicher Würde gebracht hat, aber wir ahnen auch den Preis: nicht nur die Köpfe der Monarchen sind in den Sand gerollt.

Vergil
Die Suchwanderung des Helden Aeneas

Was macht eigentlich den Reiz einer zweitausend Jahre alten Dichtung aus, die ebenso lange eifrig gelesen, kommentiert, übersetzt und auch kritisiert wurde, und die der italienische Humanist Julius Caesar Scaliger (1484-1558) in seiner „Poetik" als das Hauptwerk des größten Dichters aller Zeiten gefeiert hat? Wie ist es zu erklären, dass dieses Epos zu allen Zeiten begeisterte Nachfolger inspiriert hat und so unterschiedliche Dichter wie den Mönch Ekkehard zu seinem „Waltharilied" (um 920), Heinrich von Veldeke zu seiner „Eneide" (1170-1190), den Italiener Tasso zu seinem „Befreiten Jerusalem" und den Portugiesen Camoes zu seinen „Lusiaden" angeregt hat? Ist es bloßer Zufall, dass der wohl bedeutendste seiner Nachfahren, Dante Alighieri, den altrömischen Dichterkollegen zu seinem Führer durch die Unterwelt erwählt hat, so dass die Behauptung keinesfalls übertrieben ist, ohne die Aenais besäßen wir die größte Dichtung des ausgehenden Mittelalters, die „Divina Commedia", nicht.

Wir erfahren staunend, dass Autoren wie Rabelais, Montaigne, Sainte-Beuve große Verehrer Vergils waren, dass der Philologe Christian Gottlob Heyne die Vergil-Renaissance des 18. Jahrhunderts eingeleitet hat, und dass unser einheimischer Schiller große Teile des Epos nachgedichtet hat. Schließlich haben die Engländer Connington und Nettleship die moderne Vergil-Forschung begründet, nachdem bereits der spanische Jesuit Juan de la Cerda in den Jahren 1608-1617 mit drei gewichtigen Bänden den ausführlichsten Vergil-Kommentar aller Zeiten geliefert hatte. In diesem Jahrhundert haben die Altphilologen Richard Heinze und Eduard Norden wichtige, noch immer gültige Beiträge geleistet; beider Arbeiten sind im Jahre 1903 erschienen.

Über den Kreis der Dichterkollegen, Philologen und Schulmänner, denn Vergil war jahrhundertelang Schullektüre und hat ungezählte Generationen von lateinbeflissenen Schülern beschäftigt, hat sich die Sage des „Zauberers Vergil" angenommen, und sein großes Werk diente als einziges weltliches Buch neben der Heiligen Schrift bei den sogenannten „Sortes Virgilianae" als Orakelgeber: Es wurde – wie die Bibel, an irgendeiner Stelle willkürlich aufgeschlagen oder es wurde von der Seite her hineingestochen, um eine Zeile zu finden, die die Antwort auf eine bedrängende Frage geben sollte. Auch dieser abergläubische Gebrauch des Textes ist nur die Kehrseite einer außergewöhnlichen Wertschätzung, die diese Dichtung bis in unsere Zeit erfuhr.

Obwohl sich das Leben des Dichters im vollen Licht der Geschichte abgespielt hat, weiß man von ihm nicht mehr, als die spärlichen Nachrichten aus seiner Zeit hergeben, und wenn etwa Homer nur ein großer Name aus grauer Vorzeit ist, so steht zwar von jenem am 15. Oktober des Jahres 70 vor Christus in Andes bei Mantua geborenen Publius Vergilius Maro immerhin zweifelsfrei fest, dass er gelebt hat, und es lassen sich auch ein paar Stationen seines Lebens nennen, aber seine Persönlichkeit bleibt weiterhin in einem Halbdunkel. Das wenige, das über ihn feststeht, ist rasch erzählt: Sein Vater war Besitzer eines kleinen Landgutes, das er durch Behördenwillkür verlor, als die Ansprüche entlassener Legionäre auf Kosten der zivilen Bevölkerung befriedigt wurden. Später hat der Sohn das Gut oder einen Gegenwert zurückerhalten. Wie wichtig es ihm war, zeigt seine zweite große Dichtung, „Vom Landbau".

Um die Umstände seiner Geburt rankten sich bereits Sagen und Wundererzählungen, so soll seine Mutter Magia Polla vorher geträumt haben, sie bringe ein Lorbeerreis zur Welt, das alsbald zu einem großen Baum heranwuchs. Als dann ihr Sohn geboren wurde, pflanzten die Eltern ein Pappelreis ein, das schnell zu einem Baum aufwuchs. Der wurde dann arbor Vergiliana genannt, der Baum des Vergil. Von daher erklärt sich auch die zweite geläufige Form seines Namens, Virgilius, von lat. virga, die Rute oder der Zweig; dieser Name setzte sich etwa ab 400 durch den Vergil-Kommentar des Aelius Donatus durch.

Der junge Vergil empfing seinen ersten Unterricht in Cremona, dann in Mailand, und weilte um 54 / 53 zum Rhetorikstudium in Rom. Dort fand er Anschluss an einen Kreis junger Literaten, von denen der bekannteste Catullus war. Sie nannten sich Neoteriker, also etwa „Neutöner", d.h. die konsequent Modernen. Ihr Ideal waren nicht die biederen römischen

Dichter der Vergangenheit, sondern der raffinierte Kallimachos, der Leiter der Bibliothek von Alexandria, und schon durch die ihm hier zugänglichen Bücherschätze der poeta doctus schlechthin.

Vergil musste bald erfahren, dass er wegen seiner Lungenschwäche und brüchigen Stimme zum Rhetor nicht geeignet war, zumal ihm wohl auch die Kraft der Ellenbogen fehlte, deren ein solcher Anwalt und Berufspolitiker bedarf. Er ging darum zum Studium der Philosophie nach Neapel, wo man ihn 52-49 im Kreis um den Epikureer Siro findet, und er beginnt 42 die „Hirtengedichte" in der Nachfolge Theokrits zu schreiben, was ihn drei Jahre in Anspruch nahm.

Im Auftrag und mit Unterstützung des Maecenas schrieb er sodann sein zweites Hauptwerk, „Georgica oder Vom Landbau", wofür er sieben Jahre aufwandte. Abwechselnd in Neapel und Rom lebend, arbeitete er ab dem Jahre 29 an seinem großen Epos über den trojanischen Helden Aeneas. Unterdessen hatte er die Freundschaft des Octavian gewonnen, der später den Ehrennamen Augustus trug. An seinem Hofe trug er die bereits fertigen Gesänge vor, und der Kaiser nahm lebhaften Anteil daran.

Im Jahre 19 unternahm der Dichter eine Reise nach Athen und Kleinasien, aber als ihn Augustus im September in Athen traf, hatte sein Zustand sich derart verschlechtert, dass dieser ihn in die Heimat zurückbringen wollte. Als die kaiserliche Flotte den apulischen Hafen Brundisium erreichte, starb Vergil kurz darauf am 21. September des Jahres 19 vor Christus. Weil er sein Werk noch für unvollendet hielt, hatte er den Wunsch, dass es verbrannt werden sollte. Das verhinderte der Kaiser, und zwei Freunde gaben das Epos heraus, das seitdem den größten Ruhm der lateinischen Dichtkunst ausmacht.

Auch wer wenig von dieser Dichtung weiß, hat davon gehört, dass die Aeneis sich eng an Homer anschließt. Ganz kluge Kritiker haben ihm das sogar zum Vorwurf machen wollen, weil sie Originalität vermissten. Das war aber nicht die Absicht des Dichters, und es entsprach nicht dem antiken Ideal: Wie sich das private und politische Leben nach dem mos maiorum zu richten hatte, der Sitte der Vorväter, so sah gültige Dichtung sich immer in der Nachfolge eines großen, verpflichtenden Vorbilds, und das war in diesem Falle Homer. Mit diesem Namen verbinden sich jedoch zwei große epische Dichtungen: die Ilias und die Odyssee. Vergil verknüpft Gestalten und Motive aus beiden Epen, und so sind die ersten sechs Bücher der Aeneis von ihrer Handlung her die „odysseischen", während die anderen sechs eher „iliadisch" sind. Kompliziert wird diese Beziehung noch dadurch, dass Vergil die zeitliche Reihenfolge der alten Epen umkehrt, indem er mit den Motiven der Odyssee beginnt, und indem er mit Vor- und Rückgriffen beide Dichtwerke derart verklammert, dass man manchmal eher ein modernes Filmdrehbuch zu lesen meint, so spannend geht er mit Bildschnitt und Rückblenden um.

Zusammengefasst lässt sich sagen, dass der Dichter Vergil der Erbe der gesamten antiken Mythologie ist, also des griechischen wie des römischen Mythos. Ferner ist sein Werk durchtränkt von Bezügen zu den Homerischen Epen, und er ist auch der Erbe der älteren römischen Dichtung, die jedoch durch ihn in der Folgezeit an Interesse verloren hat und nur in Bruchstücken erhalten ist. Schließlich ist der Dichter auch noch der rhetorischen Tradition verpflichtet, die seine Stilmittel durchgängig bestimmt.

Das Ergebnis all dieser Filiationen ist das Werk eines poeta doctus; man wäre jedoch im Irrtum, wollte man darin schwerfällig-verstaubte Gelehrtendichtung vermuten. Vielmehr zeichnet sich seine gesamte Dichtung durch eine Fülle des Wohllauts, der poetischen Bilder und Metaphern aus, und er hat damit die lateinische Sprache aus ihrer nüchternen Bauern- und Juristenprosa zu einer Dichtersprache von großer Eleganz und hohem sinnlichen Reiz emporgehoben. Von seinem Werk gilt darum im höchsten Maße, was Ezra Pound einmal so formuliert hat: „Große Literatur ist einfach Sprache, die bis zur Grenze des Möglichen mit Sinn geladen ist."

Von alldem kann ich Ihnen heute Abend wenig bis nichts vermitteln, und ich möchte lediglich einige Szenen des Epos herausheben, um ihrem tiefenpsychologischen Interesse einiges Material bereitzustellen. An eine umfassende Darstellung und Würdigung dieser Dichtung kann ich nicht denken. Weil ihr Reiz zudem an die angedeuteten umfangreichen Bildungsvoraussetzungen gebunden ist, müsste eine zureichende Darstellung des ganzen Werkes umfangreicher werden als das Original, und weil ich außerdem vom Notbehelf der Übersetzungen ausgehen muss, geht der sprachliche Zauber ganz und gar verloren. Von der Musikalität und der Lautmagie des Werkes kann ich Ihnen daher keinen Begriff geben. Aber nicht einmal eine umfassende Nacherzählung der vielfach verwobenen Handlungsstränge kann ich hier zustandebringen, auch das wäre zu zeitaufwändig und eher ermüdend. Es ist aber auch nicht erforderlich für meine Absicht, Ihnen einen kurzen Einblick in einige Szenen und Motive zu geben, die Ihr Gespräch befruchten können.

Gleich zu Beginn nennt der Dichter den Grund für die jahrelange Irrfahrt des Aeneas und seiner Gefährten, die sich aus dem Untergang Trojas retten konnten: Es ist der Zorn der Göttermutter Juno, die die Trojaner, oder, wie sie auch genannt werden, die Teukrer, verfolgt, und der Dichter fragt bestürzt: Können die Himmlischen so rachgierig sein? Dass sie es können und speziell Juno, erweist die gesamte Handlung. Aber sie ist nicht allein mächtig, und so ergibt sich ein kompliziertes Geflecht aus Eingriffen der Juno, rettenden Gegenmaßnahmen der Venus, die die Mutter des Helden ist, denn sie hatte seinen Vater Anchises des Beilagers gewürdigt und von ihm den Sohn Aeneas empfangen. Dann ist da noch die aus der Ilias übernommene Prophezeiung des Jupiter, die dem Aeneas und seinem Geschlecht die neue Heimat Italien verheißen und den Römern schließlich die Herrschaft über die damals bekannte Welt in Aussicht stellt und zwar auf Dauer als imperium sine fine (I,279).

Des Weiteren sind auch noch viele andere Götter und göttliche Wesenheiten in die Handlung verwoben, so dass man in der Beschreibung immer die beiden Ebenen, die menschliche und die himmlische, berücksichtigen muss. Das alles ist stets im Auge zu behalten, und es lässt sich daran ein sehr weitreichender Gedanke knüpfen.

Die Trojaner waren also auf dem Weg in die verheißene neue Heimat bis nach Sizilien gekommen – nach siebenjähriger Irrfahrt, deren Einzelheiten jedoch nicht berichtet werden – wo sie den Vater des Helden, Anchises, begraben und in Waffenspielen gefeiert hatten. Nun wollen sie nach Latium aufbrechen, aber Juno will das verhindern. Sie stachelt Äolus, den Herrn der Winde, auf, indem sie ihm zur Belohnung eine Nymphe verspricht, und will von ihm die Schiffe der Trojaner vernichten oder wenigstens auseinandertreiben lassen.

Damit greift sie jedoch in die Gerechtsame ihres Bruders Neptun ein, der sogleich auf den Plan tritt und die Wogen wieder glättet. So können die geretteten Trojaner an der Küste Nordafrikas an Land gehen, wo sie sogleich gastlich aufgenommen werden. – Festzuhalten ist also, dass nicht ein Gott das Geschick der Sterblichen lenkt, sondern dass jeweils rivalisierende göttliche Mächte eingreifen, von denen nicht von vornherein feststeht, wer die Oberhand gewinnt. Wenn also Aeneas mit dem ständigen Beiwort pius, fromm, genannt wird, so kann er unmöglich allen Göttern zugleich gehorsam sein. Er ist vor allem seiner Mutter Venus verbunden, aber diese seine vorherrschende Eigenschaft der pietas bedeutet weit mehr als nur Frömmigkeit in dem uns geläufigen Sinn, wie sich noch zeigen wird.

Der Held geht also in Nordafrika an Land. Dort herrscht die Königin Dido, die ihrerseits als Flüchtling dorthin gekommen war: Sie hatte in ihrer Heimat Tyros in Phönizien ihren Gatten Sychaeus durch Mord in einer Familienfehde verloren, und sie hat sich nach Afrika gerettet, wo sie ein Stück Land erworben hat und die Stadt Karthago gründet. Sie ist zudem entschlossen, ihrem Gatten über den Tod hinaus die Treue zu halten, obwohl einige der Garamantenfürsten, bei denen sie in hohen Ehren steht, sie heftig umwerben und für eine neue Eheschließung gewinnen wollen. In diese Situation kommen die geretteten Trojaner, werden an ihrem Hofe aufgenommen, und der Held Aeneas erhält die Gelegenheit zu einem ausführlichen Bericht über sein Schicksal. Damit komme ich zu der ersten Szene, die ich Ihnen in Umrissen schildern möchte.

Präludierend findet sich bereits im ersten Gesang eine Schilderung von einem Tempel, den Dido errichten lässt: Auf den Portalen sind Szenen aus dem Trojanischen Krieg dargestellt, und Aeneas erblickt dieses Kunstwerk zutiefst bewegt (I,440 ff.). Gleich darauf wird berichtet, dass die Mutter des Helden, die Göttin Venus, noch weit mehr als nur gastliche Aufnahme für den Helden erreichen will: Sie lässt ihren Sohn Cupido die Gestalt des Söhnchens des Helden Aenaeas, Ascanius, annehmen, und beauftragt ihn, bei der Königin Dido um ihre Liebe für Aenaeas zu werben. – Ausnahmsweise ziehen hier einmal die rivalisierenden Göttinen Venus und Juno am gleichen Strang, indem sie beide den Helden in Nordafrika festhalten wollen: Die eine, indem sie ihm zu Eheglück und Herrschaft verhelfen will, die andere, Juno, um ihn von dem ihm eigentlich vorbestimmten Italien fernzuhalten. Beider Pläne schlagen jedoch fehl, weil Jupiter anderes verfügt.

Nun beginnt der zweite Gesang mit diesen Zeilen: „Alle verstummten im Saale und blickten gespannt auf Aeneas. Von dem erhöhten Sitz begann der Held zu erzählen:" (II,1 f.). Aeneas berichtet von der letzten Phase des Kampfes um Troja, und wie die Griechen sich zuletzt die Eroberung sichern konnten durch die bekannte List, dass sie nämlich sich zurückzogen und ein hölzernes Pferd zurückließen, das dann von den Trojanern – gegen die Warnungen von Kassandra und anderen – in die Stadt geholt wurde, worauf bewaffnete Krieger dem Bauch des Tieres entstiegen, die Tore öffneten und die zurückgekehrten Griechen die Stadt erobern und brandschatzen konnten. All das war bekannt, aber nun erzählt der Held von seinem eigenen Geschick, und die folgende Schilderung kann als die Keimzelle und Urszene des Epos angesprochen werden:

Mitten im Kampfgetümmel wendet sich die Mutter Venus an den Helden Aeneas: „Welch bittrer Unmut entfesselt, mein Sohn, so zügellos Rachegefühle? Bist du von Sinnen? Denkst du an uns, die Deinen, nicht länger? Willst du nicht lieber nach deinem vom Alter entkräfteten Vater ausschauen, nach Anchises? Nach deiner Gattin Kreusa, deinem Sohn Ascanius?" (II,594 ff.). Diese Mahnung stimmt ihn um, und so sucht er trotz aller Gefahr den Vater in seinem Hause auf.

Es folgt nun die bewegende Szene, die viele Maler inspiriert hat und die später Julius Caesar auf einem Denar des Jahres 49 darstellen lässt, denn er, Caesar, ehrt hier seine Ahnen: über des Aenaeas Sohn Ascanius, der auch Julus heißt, und der der Stammvater des Julisch-Claudischen Kaiserhauses wurde, ist er mit dem Helden verwandt. Und so heißt es in der Dichtung:

„Gehen wir, lieber Vater; lass auf den Rücken dich heben. Hier, ich beuge die Schultern, mich drückt nicht die teure Bürde. Wie auch das Schicksal sich wende, wir meistern gemeinsam Gefahren, freuen zu zweit uns der Rettung. Der kleine Julus begleite mich, und in einigem Abstand möge die Gattin uns folgen." (II,707 ff.).

Und Aeneas sagt noch: „Nimm, Vater, das Kultgerät samt den Penaten!" So rettet der Held den alten Vater und den kleinen Sohn, und er vergißt auch nicht die Hausgötter, eben die Penaten. Nun erst wird der volle Sinn seines ständigen, ihn charakterisierenden Beiwortes, pius, deutlich: Trotz eigener Gefährdung kümmert er sich um die Rettung des Vaters, und er vergißt auch nicht die Hausgötter, deren Schutz er weiterhin erhält. Sie begleiten ihn auf die jahrelange Wanderung, bis er ein neues Heim gründen kann und ihnen wieder den gebotenen Ehrenplatz geben kann. Das gelingt dem Helden, nicht zuletzt unter dem Schutz seiner Mutter, der Göttin Venus.

Aber es trifft ihn ein herber Verlust: Während er den Vater aus der zerstörten Stadt trägt und sein Söhnchen an seiner Seite ist, verliert er die Gattin Kreusa aus den Augen, und, obwohl er unter Gefahren in die brennende Feste Troja zurückkehrt, kann er sie nicht wiederfinden. So bleibt er während seiner jahrelangen Wanderung verwitwet, und es leuchtet ein, dass die Mutter Venus auf Abhilfe sinnt, und was wäre natürlicher, als die Königin Dido zu ehelichen, die selbst auch den Gatten verloren hat? Der Plan scheint zu gelingen, und die Königin, die sich anfangs trotz ihrer großen Sympathie für den geretteten Helden sträubt, eine neue Verbindung einzugehen, weil sie sich dem toten Gatten verpflichtet fühlt, lässt sich zuletzt umstimmen, zumal auch ihre Schwester Anna ihr zu einer Verbindung mit Aeneas rät.

Es kommt dann auch im Vierten Gesang zu einer Begegnung der beiden, die der Dichter zart, aber für den Wissenden deutlich genug, andeutet: Die Königin wendet sich innerlich immer mehr dem Helden zu, und sie sagt zur Schwester:

„Anna, mich schrecken Traumbilder, lassen mich zweifeln und schwanken. / Was für ein seltsamer Gastfreund betrat doch unsere Wohnstatt, / aufrecht die Haltung, und würdevoll, mutig sein Planen und Kämpfen! [...] Hatte ich mich nicht unumstößlich entschlossen, mich niemals / wieder an einen Ehegefährten zu binden, seit einmal / grausam die erste Liebe durch bitteren Tod mich enttäuschte, wäre die Brautkammer mir nicht verhasst wie die Fackel der Hochzeit, könnte ich heute vielleicht der Schuld des Treubruchs erliegen." (IV, 9 ff.)

Und später: „Beinahe von Sinnen, schweifte sie quer durch die Stadt, wie eine getroffene Hirschkuh..." (IV,68 ff.). Juno sieht ihre Qual und

Zerrissenheit, und sie wendet sich an Venus mit den Worten: „Wirklich, glänzenden Ruhm und reiche Beute gewinnt ihr, / du und dein Sprößling; eine recht hohe, denkwürdige Ehre, / wenn zwei Götter durch List ein einzelnes Weib überwinden!" (IV,92-95)

So schürzt sich der Knoten: Dido und Aeneas ziehen vor der Stadt auf die Jagd, und Juno ist es diesmal, die sich der List bedient, um beide zusammenzuführen: „über sie werde ich düsteren Regen und Hagelschlag bringen, während die Treiber in Eile den Wald mit Netzen umspannen, werde ich mit Donnerschlägen den Himmel in Aufruhr versetzen. Sämtliche Jagdgenossen entfliehen, verschwinden im Dunkel. / Dido allein und der Troerfürst finden Zuflucht in einer Höhle" [...].

Und es heißt weiter: „Venus stimmte dem Vorschlag ungesäumt zu und lächelte über die listige Planung" (IV 120-128). Die königliche Jagd wird nun mit allem Gepränge geschildert, die entscheidende Begegnung jedoch nur mit einer Zeile: „Dido und Ilions Fürst begegneten sich in derselben / Höhle" (IV,165).

Sogleich aber heißt es: „Dieser Tag erschloß den Weg zum Tode, zum Unheil" (IV,169). Aber noch eine weitere Folge tritt ein: „Ohne Verzug durcheilte Fama Lybiens große Städte, / Fama, sämtlicher Unheilsgöttinen schnellste", das heißt, Dido hat ihren Ruf aufs Spiel gesetzt. Damit nicht genug, auch Jupiter stellt sich gegen diese Verbindung.

Er befiehlt Mercur, sogleich den Helden aus der Bindung an die unglückliche Dido zu lösen und ihn auf den Weg nach Italien zu bringen, denn dort sollte sich sein Plan verwirklichen: „er sollte das waffendurchklirrte Italien, die Wiege / künftiger Reiche, regieren, vom hohen Geschlechte des Teukros / selber ein Volk hervorbringen, dann sich die Welt unterwerfen!" (IV,229 ff.)

Darum lautet kurz und knapp sein Befehl: „Absegeln soll er!" (237). So trifft ihn der Götterbote, als Aeneas den Bau neuer Festungswerke beaufsichtigt, was ihm Mercur herrisch verbietet. Er sagt: „denk an den Sohn, der heranwächst, und denk an das lockende Erbe deines Julus: ihm soll die Herrschaft in Rom und Italien zufallen" (IV,275f.).

Nun ist Aeneas in einem furchtbaren Zwiespalt. Wie soll er der Königin seine geänderte Lebensplanung erklären, wie möglichst unbehindert davonkommen? Er meint, Dido habe nichts gespürt. Aber da hat er sich geirrt: „denn Liebende lassen sich schwerlich täuschen [...] sie erfasste den nahenden Aufbruch [...]. Die gleiche lieblose Fama / trug der Erbitterten zu, dass die Flotte zum Auslaufen rüste" (IV,296 ff.).

Vergeblich versucht sie den Helden zu halten: „ich flehe – ändre den schrecklichen Vorsatz!" (IV,318 f.). Aber sie erreicht nichts, denn „ungerührt blieb Aeneas, dem Auftrag Jupiters treu" (332 f.). Fluchtartig verlassen die Trojaner die Stadt, und Aeneas lässt sich auch nicht von Didos Schwester Anna zum Bleiben bewegen. Er wurde „nicht durch Tränen gerührt, nicht zum Hören gestimmt. Denn / das Schicksal / hemmte, die Gottheit schlug den gütigen Helden mit Taubheit" (IV, 438 ff.).

Darauf lässt Dido einen Holzstoß für ein Götteropfer errichten, besteigt ihn zuletzt selbst und gibt sich den Tod (IV, 478- ff.). Vorher aber verflucht sie die Trojaner und legt damit den Grund für die jahrhundertelange Auseinandersetzung der rivalisierenden Weltzentren Rom und Karthago: „Aber ihr, Tyrier, verfolgt mit Hass den Trojaner und seine / Nachkommen alle und schenkt sie meiner Asche als Spenden!" (IV, 622f.). Zuletzt schneidet Proserpina der Königin Dido eine Locke vom Haupte: „Ich weihe die Locke, / wie mir befohlen, dem Pluto und löse dich hiermit vom Körper" (IV,702 ff.). Damit endet die Tragödie der unglücklich liebenden Dido.

Die Schiffe des Helden Aeneas erreichen jedoch diesmal ungehindert das mittlere Italien. Die Trojaner gehen bei Neapel an Land, und damit beginnt die dritte Folge von Szenen, auf die ich Ihr Augenmerk lenken möchte. Zuvor hatten sie wiederum Sizilien berührt, wo der Held für seinen dort begrabenen Vater Anchises Leichenspiele aufführen lässt. Diese übergehe ich hier und nehme den Faden der Erzählung erst da wieder auf, wo der Held den geheimnisvollen Ort Cumae erreicht. Nun wäre das ganze, inhaltsreiche sechste Buch der Dichtung zu referieren, aber ich kann wieder nur einzelnes herausgreifen.

In Cumae trifft der Held die berühmte Sibylle, und er wird unter ihrer Führung den Gang in die Unterwelt antreten. Zuvor muss er aber Vorsorge treffen, dass er das Reich der Toten auch wieder verlassen darf. Er erfährt die Bedingung: Er muss den Unterirdischen als besondere Gabe einen

Goldenen Zweig mitbringen; hier erinnern Sie sich gewiss an das große Werk des englischen Forschers Sir James Frazer (1854-1941), „The Golden Bough" (zuerst 1890 in 2 Bdn. erschienen), dessen Titel auf diese Episode der Aeneis anspielt. Der Held findet den wirkmächtigen Zweig schließlich tief verborgen in einem Baum, zu dem ihn zwei Tauben geleiten, die Vögel seiner Mutter, der Göttin Venus. (VI,136 ff.; 190-193).

Nach einem Tieropfer durch die Sibylle und Aeneas an die Götter der Unterwelt, Hekate und Pluto, beginnt der Held den gefährlichen Abstieg (IV,260). In der Vorhalle treffen sie auf die Trauer, das böse Gewissen, die Krankheiten, das traurige Alter, die Furcht, den Hunger und die Armut, den Bruder des Todes, den Schlaf und die sinnlichen Lüste. – Aber die schrecklichen Bilder steigern sich noch: Neben einer Ulme im Vorhof haben die leeren Träume ihr Nest und drohen furchtbare Ungetüme: Kentauren und Skyllen, der hundertarmige Briareus und die Schlange von Lerna (267), die Chimaera, die Gorgonen, Harpyen und Geryon mit seinen drei Leibern. Aeneas will sogleich mit dem gezogenen Schwert auf diese Gestalten losgehen, aber die Sibylle belehrt ihn, dass sie körperlose Wesen sind; er hätte also nur in ihre Schatten hineingestoßen.

Weiter geht es nun zum Acheronstrom, wo sie den Fährmann Charon erblicken und eine dichtgedrängte Menge von Verstorbenen. Aeneas erfährt, dass der Fährmann nur die Bestatteten übersetzen darf. Die übrigen irren weiter umher.

Charon will den Helden zuerst zurückweisen: nur Tote dürfe er befördern. Da weist die Sibylle den goldenen Zweig vor, und der Fährmann lässt sie einsteigen (410). Fast wollte sie der furchtbare Wächter Zerberus nicht vorbeilassen, aber die Sibylle versetzt ihn mit Zauberkräutern in den Schlaf. So erreichen sie den Eingang, wo sie zuerst das Gewimmer von früh verstorbenen Kindern hören, und der Richter Minos hat hier seinen Platz. Danach kommen sie an den durch Selbstmord gestorbenen vorbei (436) und auf den „Fluren der Trauer" gewahren sie die an Liebeskummer zugrunde gegangenen, und unter diesen Dido mit „frisch noch blutender Wunde" (450). Aeneas spricht sie an und sucht vergeblich ihre Verzeihung zu gewinnen, sie aber wendet sich ab und strebt einem Haine zu, wo sie ihren Gatten Sychaeus trifft.

Aeneas begegnet nun den im Krieg um Troja gefallenen Helden und möchte mit ihnen reden, aber die Sibylle mahnt zur Eile (538 f.) Sie gelangen nun an eine Weggabelung. Die Sibylle erklärt, dass nach rechts der Weg zur Burg Plutos führe, nach links aber zur Richtstatt der Verbrecher. Auf die Frage, was für Verbrecher hier bestraft würden, werden ihm einige besonders herausragende Täter genannt, zuletzt die Verräter, die ihr Vaterland an einen Tyrannen verkauft hatten sowie solche, die die eigenen Töchter vergewaltigt haben (623).

Wieder drängt die Prophetin weiter, denn es gilt, die Pflicht zu erfüllen (629): sie müssen bei den Kyklopen ihre Weihegabe ablegen. Erst nachdem sie den Zweig übergeben haben, gelangen sie „zu den Stätten der Freude,[...] den Gefilden, wo die Seligen wohnen" (638 f.).

Diese üben den Körper auf der Kampfbahn, singen oder tanzen, andere tummeln Rosse, und so darf jeder der Lieblingsbeschäftigung nachgehen, die er zu seinen Lebzeiten hatte. Hier fragt Aeneas nach seinem Vater Anchises: „Um ihm zu begegnen, gelangten wir hierher" (670). Ein Priester Apollos weist ihnen den Weg, und der Held sieht seinen Vater Anchises, aber der Versuch, ihn zu umarmen, scheitert: „Dreimal versuchte er jenem den Arm um den Nacken zu schlingen, / dreimal entwich den ins Leere greifenden Händen der Schatten" (700 f.).

Nunmehr erblickt Aeneas den Strom des Vergessens, Lethe: Über ihn belehrt ihn Anchises: „Die Seelen, die, göttlicher Weisung / fügsam erneut sich verkörpern, trinken vom Wasser der Lethe" (713f.). Unter diesen zeigt er ihm einige seiner künftigen Nachkommen. Dann setzt er zu seiner großen Lehrrede über den Kosmos an: „Geistige Kraft durchdringt seit Beginn den Himmel, die Erde [...] sie durchflutet als Weltseele nährend die Teile, treibt die gesamte Materie [...] verschmilzt mit dem riesigen Ganzen. Diesem entstammen die Menschen, die Tiere [...]. Feurige Stärke und himmlischen Ursprung besitzen die Wesen, werden beeinträchtigt nur von schwachen [...] Körpern. Daraus ergeben sich Furcht und Begierde, Kummer und Freude. Düsterem Kerker verfallen, erkennen die Seelen die reine / Himmelsluft nicht."

Diese Übel haften den Seelen sogar noch nach dem Tode an, und so müssen sie auf vielfache Weise gereinigt und entsühnt werden, bis sie wieder in neue Körper eintreten dürfen (724 ff.). Der Vater zeigt ihm nun seinen Sohn, der ihm in der Zukunft in Italien geboren werden soll, von seiner Gattin Lavinia, die ihm bestimmt ist. Er heißt Silvius. Von ihm heißt es: „Gealtert / bist du, wenn deine Gemahlin Lavinia ihn in den Wäldern aufzieht zum König, zum Vater auch künftiger Herrscher. Durch diese soll dann unser Geschlecht in Alba Longa regieren" (762 ff.). Unter diesen wird Romulus sein. Ihm ist die Herrschaft über Rom verheißen, und Rom die Herrschaft über die Welt (781 f.).

Und weiter heißt es: „Hier weilen Caesar und sämtliche Nachkommen deines Sohnes Julus" und unter diesen auch Augustus: „Über Latium, das einst Saturnus beherrschte, wird er das Goldene Zeitalter wiederum bringen, die Reichsgrenzen vorschieben über die Garamanten und Inder hinaus [...]". Dann fasst er noch in wenigen Zeilen die ewige Bestimmung Roms zusammen: „Andere mögen aus Bronze gefälliger gleichsam beseelte / Wesen gestalten, glaube ich, Leben dem Marmor entlocken, werden vortrefflich öffentlich reden, die Bahnen des Himmels besser berechnen / genauer den Aufgang der Sterne bestimmen: Zeige dich Römer, bewusst der Pflicht, die Völker zu lenken – hierin beweise dein Können! -, das Friedensgesetz zu diktieren, / die Unterworfenen zu schonen, doch Trotzige niederzuringen!" (847 ff.).

Nach diesem Blick in die fernste Zukunft belehrt ihn Anchises noch über die Kriege, die in der nächsten Zeit zu führen sind, und er führt ihn zum Ausgang. Damit endet die Katabasis des Helden Aeneas und zugleich die erste, der Odyssee nachgebildete Hälfte der Dichtung.

Die Trojaner segeln sogleich nach Latium ab, und es beginnt die lange Reihe der Schlachten, die die zweite, „iliadische", Hälfte des Epos füllt. Auch hier noch gibt es neben den ausgiebigen Schilderungen der Kämpfe und Heldentaten noch große dichterische Schönheit, wie etwa in der Episode, da Vulcan, auf die Bitte der Mutter Venus, den Schild für den Helden Aeneas und die übrigen Waffen schmiedet.

Auf diesem Schild sind, getreu dem homerischen Vorbild, die künftigen historischen Ereignisse dargestellt, die die Geschichte der Stadt Rom und des Imperiums ausmachen. Das alles will ich hier nicht mehr berichten. Hervorgehoben sei nur noch der Kampf des Helden mit dem Rutulerfürsten Turnus, der, keineswegs ein Schurke sondern wie er ein „iliadischer Held", ihm lediglich die vorherbestimmte Gattin Lavinia, die Tochter des Königs Latinus, streitig macht und deshalb im Zweikampf überwunden wird. Mit diesem letzten Höhepunkt endet das große Epos des Vergil.

Lassen Sie mich abschließend noch zwei Gedankenreihen wenigstens andeutend verfolgen: In fast schon nicht mehr erlaubter Verkürzung lässt sich der Weg des Helden Aeneas so zusammenfassen: Aus dem untergehenden Troja rettet er den Vater und den Sohn sowie die Penaten, während er die Gattin Kreusa verliert. Der erste Versuch, in Karthago eine neue Heimat und wieder eine Gefährtin zu gewinnen, scheitert, und erst in Latium findet er beides, neue Heimat und in Lavinia die ihm bestimmte neue Gemahlin.

Bei all seinen Irrfahrten, Kämpfen und Unternehmungen wird der Held von den Göttern teils behindert, teils gefördert. Wenn nun manche Kritiker eine charakterliche Entwicklung des Helden vermisst haben, so ist dieser Anspruch durchaus verfehlt: Wer von den Göttern dergestalt gelenkt und gestoßen wird, braucht keinen eigenen Charakter, weil er jeweils von Situation zu Situation geführt wird. Will man also seine jeweilige Befindlichkeit, Stimmung oder Richtung erkennen, muss man auf die Gottheit sehen, deren Einfluss er gerade unterworfen ist.

Ist es darum möglicherweise erlaubt, in diesem ganzen Geflecht aus menschlichem Handeln, das gar kein aus eigenem Willensimpuls hervorgehendes aktives Tun ist, und den Weisungen der Götter so etwas wie eine antike Triebtheorie zu sehen? Freud hatte ja erklärt, der Mensch sei nicht Herr in seinem eigenen Haus, und er hatte in seiner Lehre die bestimmenden Kräfte im Unbewussten, also tief unter der bewussten Oberfläche menschlicher Aktivität angesiedelt. Hier in der mythischen Erklärung von menschlichem Handeln, Weltgeschichte und Natur finden sich die alles entscheidenden Kräfte oberhalb der handelnden Personen: es sind in diesem Erklärungsmuster die unsterblichen Götter, die oben, d.h. im Himmel, ihren Ort haben, aber jedes Geschehen auf der Erde nach ihrem Willen lenken. Für den Menschen bleiben in diesem Gefüge nur Aufwallungen und emotionale Impulse, aber keine eigentlichen Willensakte, die irgendeinen entscheidenden Einfluss hätten, übrig.

Wenn wir für einen Augenblick den Faden weiterspinnen, so kommen wir an die Frage, welcher Art von Handlungserklärung wir in unserer Gegenwart anhängen. Da wird sich mit aller gebotenen Vorsicht sagen lassen, dass wir weder das eine, noch das andere Modell weiterhin für überzeugend halten können. Nach der Flucht der Götter werden wir nicht mehr sagen können, dass die Oberirdischen das Handeln der Menschen bestimmen. – In analoger Weise werden wir aber kaum noch dem biologistischen Triebmodell Freuds zustimmen können, das ganz das Gepräge des neunzehnten Jahrhunderts trägt, und in seinem Sinne die eigentlichen, unser Handeln bestimmenden Kräfte unterhalb, also im Leiblichen, in den Hormonen, den Genen oder wo auch immer erkennen können.

Wie könnte eine Antwort nach den handlungsleitenden Kräften heute aussehen? Sie wird sehr farblos und nüchtern ausfallen. Was das Handeln der Einzelnen wie der Kollektive bestimmt, dafür hat man seit einiger Zeit diese Auskunft gefunden: es sind die Sachzwänge. Diese werden vorgefunden wie ein ererbtes Schicksal, aber sie werden in einem sich immerfort selbst bestätigenden und bestärkenden Gefüge stets neu hervorgebracht, bis der letzte Rest einer freien Entscheidungsmöglichkeit aufgezehrt ist. Das Ergebnis ist: der Mensch ist zwar frei, aber es ist ihm verwehrt, von dieser Freiheit auch Gebrauch zu machen.

Wohin haben wir uns verirrt? Wir wollten den vergilischen Helden Aeneas auf seiner Suchwanderung begleiten und finden uns nun – in unserer Gegenwart!

Homer
Die Irrfahrt des Helden Odysseus

Am Anfang der abendländischen Literatur stehen zwei Großepen: die Ilias mit rund 15.000 Versen und die Odyssee mit 12.200, beide jeweils in 24 Gesänge geteilt. Die Überlieferung des Altertums verbindet beide Dichtungen mit dem Namen des Homer, und nur wenige sprachen sich dagegen aus, dass die Werke einen einzigen Schöpfer haben. Ende des 5. Jahrhunderts stellten die Gelehrten Xenon und Hellanikos aufgrund behaupteter sachlicher und sprachlicher Widersprüche die bis dahin unangefochtene Autorschaft Homers für beide Epen infrage. Sie wurden deshalb Chorizonten, Aufspalter, genannt. Doch bereits Aristarch von Samothrake, der von ca. 216 bis 144 v. Chr. lebte und zu seiner Zeit der bedeutendste alexandrinische Dramatiker war, widersprach ihnen heftig. Dass seine Gegenrede keine leichtfertige Behauptung war, erhellt aus der Tatsache, dass er sich sein Leben lang um die Korrektur der epischen Texte verdient gemacht, spätere Zusätze ausgeschieden oder zumindest kenntlich gemacht und die beiden Dichtungen in die heute noch so überlieferten 24 Gesänge eingeteilt hat.

Gegen Ende des 18. Jahrhunderts nahm – nach französischen Vorläufern – der damals bedeutendste Altphilologe, Friedrich August Wolf in seinen 1795 erschienenen „Prolegomena ad Homerum" die seither so benannte „Homerische Frage" wieder auf und löste die bis dahin als einheitliche Werke angesehenen Dichtungen in das Werk vieler anonymer Sänger auf. Lange ist der Streit nicht zur Ruhe gekommen, und selbst Goethe, dem doch diese Auflösung der großen Werke eigentlich widerstreben musste, ließ sich zeitweilig von den Argumenten Wolfs beeindrucken. Sie bestimmten generationenlang die Homerphilologie, aber inzwischen ist ein Rückschlag eingetreten: Man sieht die Werke wieder als einheitliche Schöpfungen an, wenn sie natürlich nicht bei einem dichterischen Nullpunkt ansetzen und wahrscheinlich einzelne Gedichte als Vorläufer gehabt haben, die heute verloren sind. Nur so viel war immer unumstritten, dass nämlich die Ilias die ältere und die Odyssee die etwas jüngere Dichtung sein müsse. Aber auch die ungefähre Datierung, die meist ins 8. bzw. 7. vorchristliche Jahrhundert angesetzt wird, ist durchaus nicht unumstößlich gewiss.

Inzwischen gibt es wohl zu jeder Verszeile ein oder mehrere gelehrte Abhandlungen. Da ist es für den nichtfachlichen Liebhaber der Gedichte schwer, irgendeine Übersicht zu gewinnen. Fest geglaubte Erkenntnisse können morgen schon wieder umgestoßen werden, und so muss man sich einfach entscheiden, wem unter den Kennern und Auslegern man Vertrauen schenken möchte. So habe ich auch eine Wahl treffen müssen, und ich räume ein, dass sie nicht unanfechtbar ausgefallen ist. In dem Wirrwar der Stimmen habe ich mich für eine Ariadne entschieden, deren Faden ich durch das Labyrinth zu folgen gedenke. Mich stört dabei nicht, dass meine Geleiterin womöglich unter den zünftigen Forschern als krasse Außenseiterin gilt. Mir genügt ihre sensible Interpretationskunst, und ich werte auch ihr künstlerisches Gespür für die Größe der Dichtungen, was auch unter den Fachleuten nicht viel gelten mag. Aber ich strebe ja keinen altphilologischen Lehrstuhl an, und so muss ich mich nicht den herrschenden Meinungen der Kathedergewaltigen beugen.

Ich schließe mich also – nach eingehender Prüfung ihrer Argumente – der bedeutenden Kennerin der griechischen Sprache, Dichtung und Kultur Renata von Scheliha an, die von 1901 bis 1967 gelebt hat, aber aus politischen Gründen in Deutschland nicht Karriere machen konnte. Im Gegenteil: sie hat es 1933 angeekelt verlassen aus Gründen, die wir nachvollziehen können, und ist nach längerem Aufenthalt in der Schweiz schließlich am 4. November 1967 in New York gestorben, aber ihre Asche ist nach Europa zurückgekehrt. Um ihr Andenken bemühten sich insbesondere die Herausgeber des Castrum Peregrini, in welcher Zeitschrift und Buchreihe mehrere ihrer Vortragsreihen posthum erschienen sind. In diesem Versuch über die Odyssee stütze ich mich aber in erster Linie auf ihr großes Werk „Patroklos. Gedanken über Homers Dichtung und Gestalten", das 1943 in Basel erschienen ist und leider nicht das verdiente Echo gefunden hat. Es sei aber ernstlich empfohlen.

Mit meiner Führerin durch das unentwirrbare Geflecht der homerischen Fragen entscheide ich mich also gleich für die Zuschreibung der
beiden Werke, der Ilias und der Odyssee, an den einen Dichter Homer,
wobei man durchaus an einen gewissen zeitlichen Abstand der beiden
Gedichte denken mag. Die Ilias kann das Werk der reifen Mannesjahre,
die Odyssee das Werk des Alters sein. Geringfügige Widersprüche, die die
Interpreten seit dem Altertum über Gebühr beschäftigt haben, mögen sich
aus der langen Spanne der Arbeit erklären, wenn sie nicht teilweise auch
auf die überliefernden Homeriden, die späteren Rhapsoden, zurückgehen.
Diese haben ja lange Zeit die Epen in einer Art Kultübung vorgetragen,
wobei für die Ilias purpurne und für die Odyssee violette Gewänder üblich
waren. Man kann dabei, analog zur Katholischen Kirche, durchaus von
„liturgischen Farben" sprechen.

Die zweite Grundannahme, die mir durch die Darstellung bei Renata
von Scheliha sehr plausibel vorkommt, ist, dass die Dichtungen wesent-
lich früher anzusetzen sind, als es die allgemeine Lehrmeinung ist. Die
eingehende Begründung dafür lässt sich kurz gefasst so ausdrücken, dass
Homer noch den letzten Glanz der kretisch-mykenischen Kultur mit
eigenen Augen gesehen haben muss, und dass er in seinem langen Leben
noch ihren Verfall durch kriegerische Ereignisse miterlebt haben dürfte.
Jedenfalls fällt seine Lebenszeit noch in die verfeinerte ägäische Kultur,
und so kamen wir eher ins zehnte vorchristliche Jahrhundert als in eine
spätere Zeit.

Die Datierung ist aber eine Nebenfrage, und von ihr hängt die andere
und wichtigere Grundannahme nicht ab, dass es sich nämlich bei den
Gestalten der beiden Gedichte um einheitlich konzipierte Charaktere
handelt, die durch planmäßig berichtete Einzelzüge langsam plastisch
vor dem Hörer oder Leser entstehen. Einen solchen Plan könnte man
bei einem wildwuchernden Text, der aus den Beiträgen vieler anonymer
Autoren zusammengewachsen sein soll, nicht mehr begründen, abgesehen
von dem Widerspruch, dass dann ausgerechnet der späteste Kompilator,
der alles Frühere zusammengefasst hat, der größte Künstler gewesen sein
müsste. Demgegenüber macht es weniger Schwierigkeiten, sich mit der
antiken Überlieferung einen einheitlichen Autor für beide Epen vorzu-

stellen. Dabei mag man dann, wie schon Aristarch gesehen hat, einen Teil des 23. Gesanges der Odyssee und den ganzen 24. als spätere Zutat, gewissermaßen als Zugabe der vortragenden Künstler, ausscheiden. Damit wird aber die Haupthandlung nicht berührt.

Wurden bisher die Gemeinsamkeiten beider Dichtungen betont, so ist nun eine bestimmte Verschiedenheit in der Anlage zu beachten! Stellt die Ilias nach Renata von Scheliha ein Hohelied auf die Freundschaft dar, so wird Odysseus als ein Einsamer geschildert. Er ist indessen nicht ohne Hilfe und Begleitung, ist es doch eine Göttin, die seinen Weg ständig verfolgt; aber das ist noch im Einzelnen zu zeigen.

Hier soll nun nicht der gesamte Inhalt der Odyssee referiert werden, sondern nach unserem Rahmenthema lediglich das Schicksal des Odysseus, das sich als eine über mehrere Jahre ausgedehnte Suchwanderung erweist. Daraus sollen nun einige Szenen und Bilder vorgestellt werden, während uns die Frage, wie ein Mensch in dem kleinräumigen Mittelmeergebiet zehn Jahre umherirren kann, bis er seine Heimat wiederfindet, nicht beschäftigen kann: Hier müssen wir dem Dichter folgen, und außerdem ist da noch das wiederholte Eingreifen der Götter.

Der gesamte von der Erzählung umspannte Zeitraum beträgt zwanzig Jahre, und so lange ist Odysseus fern von seiner Heimat Ithaka. Der Grund seiner Abwesenheit ist zunächst der Krieg der Achaier, also der Griechen, mit den Trojanern. Er führt zu der zehnjährigen Belagerung dieser Stadt, die am Ende durch die bekannte List des Odysseus – die Geschichte vom Trojanischen Pferd – in die Hände der Griechen fällt.

Diese zehnjährige Kriegsgeschichte wird von Homer auf die fünfzig Tage der Erzählhandlung verdichtet; allein dies setzt schon eine planmäßige Ausarbeitung einer wohlüberlegten Komposition voraus. – In analoger Weise drängt der Dichter auch die zehn Jahre der Handlung in der Odyssee zusammen, indem er diesmal das Geschehen in vierzig Tagen dramatisch zuspitzt und alles Vorausgegangene in Berichten vortragen lässt. Das Verfahren ist also ähnlich dem in der Ilias. Wenn man hier von Nachahmung durch einen anderen Autor sprechen möchte, dann hat man die Last des Beweises, warum ein zweiter, dem Homer ebenbürtiger Dichter, bei der bekannten Ruhmbegier der Hellenen bescheiden in der

Anonymität geblieben sein soll. Es spricht also wirklich vieles für den einen großen Meister, der in zwei Phasen seines Lebens zwei etwas unterschiedliche, aber letztlich zusammengehörige Werke geschaffen hat.

Wenn wir nun die Odyssee aufschlagen, so hören wir zuerst noch gar nicht von Odysseus selbst, sondern wir werden zuerst nach Ithaka geführt, wo sich die unverschämten Freier im Hause des abwesenden Helden breitmachen, sein Hab und Gut verprassen und die getreue Ehegattin Penelope bedrängen, sich doch mit einem aus ihrer Schar wieder zu verheiraten. Odysseus kam ja die Stellung eines lokalen Königs zu, und so ist der Wunsch nicht unverständlich, den verwaisten Thron in Besitz zu nehmen und die immer noch begehrenswerte Frau dazu. Der Dichter schildert uns diese Lage und verwendet vier Gesänge auf die Telemach-Handlung. Der Sohn des Odysseus, den dieser im Säuglingsalter zurückgelassen hat, ist inzwischen zum Jüngling herangewachsen und er macht sich auf, den Vater zu suchen. So ist von Anfang an immer schon von der Hauptfigur die Rede, aber diese selbst tritt nicht auf. So erhöht sich die Spannung.

Dabei hat der Dichter schon im ersten Gesang das Thema der Heimkehr des Odysseus angeschlagen. In einer ersten Götterversammlung, an der der Feind des Odysseus, Poseidon, nicht teilnimmt, macht sich Athene zu seiner Fürsprecherin. Sie wird darauf nach Ithaka gesandt und fordert Telemach auf, den Vater zu suchen. Dies geschieht, und unterdessen beschließen die Freier, diesen nach seiner Rückkehr zu töten. So wird deren verbrecherisches Handeln sogleich mit eingeführt und ihr schmähliches Ende im voraus gerechtfertigt.

Nach der Schilderung der Reise des Telemach setzt nun im fünften Gesang die Rückkehr des Odysseus ein, und wieder wird eine Götterversammlung geschildert, in der seine Befreiung aus den Händen der Nymphe Kalypso beschlossen wird. Diese hat nämlich den Helden seit Jahren bei sich in einer Höhle der Insel Ogygia gefangen und hofft, dass er sich mit ihr auf Dauer ehelich verbindet. Aber nun sendet Zeus den Boten Hermes und befiehlt ihr, den unfreiwilligen Gast freizugeben. Sie gehorcht, versieht Odysseus mit einem Floß und allem Nötigen, und nach fünf Tagen kann er den Ort seiner Gefangenschaft verlassen, der nach allem, was wir hören, nicht nur unangenehm gewesen sein kann. Der Held segelt also ab und ist achtzehn Tage lang unterwegs nach der Insel Scheria, bis Poseidon einen Sturm sendet, das Floß zerschlägt und Odysseus schiffbrüchig an Land gespült wird, wo er sich zunächst im Gebüsch verbirgt. Dort schläft er erschöpft ein.

Wieder sorgt Athene für ihn und gibt Nausikaa, der Tochter des Königs Alkinoos, im Traum die Weisung, mit ihren Mägden zum Strand zu ziehen und dort ihre Gewänder zu waschen. Das geschieht, und nach getaner Arbeit beginnen die Mädchen, ein fröhliches Mahl zu halten und sich mit Ballspiel zu vergnügen. Von dem munteren Treiben erwacht Odysseus, und er sieht sich gezwungen, seine Blöße mit einem belaubten Zweig zu bedecken, damit er sich den Mädchen nähern kann. Erschreckt fliehen die Mädchen, und nur Nausikaa bleibt zurück und Odysseus umfasst ihre Knie und redet sie an, als sei sie Artemis: Er schildert seinen Schiffbruch und bittet sie um Hilfe. Da stellt sich ihm Nausikaa vor als die Tochter des Alkinoos, des Königs der Phäaken, und sie ruft die Mägde zurück, dass sie den Fremdling am Strand baden und mit einem Gewand bekleiden sollen. Dann führt sie ihn in den Palast ihres Vaters.

Als geehrter Gast von Alkinoos bewirtet, wird der Fremde nun nach seiner Herkunft und seinem Geschick gefragt. Dieser berichtet von seinem ersten Schiffbruch vor der Insel der Kalypso, in dem er seine Gefährten verloren hat, von seinem siebenjährigen Aufenthalt dort bei der Nymphe, und wie er endlich im achten Jahre aufbrechen konnte. Wieder erleidet er Schiffbruch, um dann bei den Phäaken an Land geworfen zu werden. Alkinoos, der an ihm Gefallen findet, meint, wenn doch die Götter ihm einen solchen Mann zum Schwiegersohn senden wollten, und es deutet sich die Versuchung für den Helden an, in dem glücklichen Land der Phäaken zu bleiben, als Schwiegersohn des Königs der Gatte der Nausikaa zu werden und das Leben dieser vom Glück begünstigten Menschen zu teilen. Was der Dichter hier schildert, können wir als den letzten Abglanz der friedlichen und hochstehenden Kultur Kretas auffassen.

Der Held darf jedoch nicht an dieser gastlichen Stätte verweilen. Auch der Gastgeber sieht ein, dass er den ihm noch unbekannten Gast nicht festhalten darf, er will ihm aber ein Abschiedsfest geben, und so veranstaltet er zu seinen Ehren Kampfspiele. Aufgefordert, sich zu beteiligen, wirft Odysseus eine weit schwerere Scheibe, als die Phäaken gewohnt waren, und es ist Athene, die ihm die Hand führt und den staunenerregenden Diskuswurf in der Gestalt eines Mannes selbst ausführt. Es folgen ein Reigentanz und der Auftritt des Sängers Demodokos. Der besingt zuerst die Liebe von Ares und Aphrodite, und in einem zweiten Gesang vom Sieg der Griechen und vom Untergang Trojas durch die List des Odysseus. Als der Held so seine eigene Geschichte vorgetragen hört, stürzen ihm die Tränen in die Augen, und dieser gibt sich zu Anfang des 9. Gesanges seinen Gastgebern zu erkennen. Nun erzählt er selbst von seiner Irrfahrt aus Troja.

„Wir sind Griechen, von Troja verirrt, von sämtlichen Winden über die Weite des Meers nach jeglicher Richtung verschlagen. Denn wir wollten nach Haus: so mussten wir anderen Weges andere Bahn durchziehn, weil Zeus es so gefügt hat. Rühmend heißen wir uns Agamemnons Volk, des Atreiden: geht doch sein Ruf zu den Enden der Welt, nachdem er die Zinnen solcher gewaltigen Burg zerbrach und schlug ihre Leute, viel. Doch kommen wir jetzt kniefältig, ob du vielleicht nicht uns ein geringes Freundesgeschenk und sonst einen Willkomm freundlich reichst, wie solches der Brauch des Wirts mit den Gästen: Guter, vernimm uns und scheue den Gott! Wir flehen um Obdach; Zeus aber ist der Beschützer bedürftiger, bittender Gäste, der sie bewahrt und rächt, und fördert ehrliche Wanderer." (Od. 9, 259-271. Übers. R. A. Schröder, Leipzig 1911, S. 150)

Nach der Errettung von der Wut des Kyklopen gelangt Odysseus schon fast bis in die Nähe von Ithaka, als ein Wind ihn und die Gefährten zur Insel der Zauberin Kirke treibt. Diese verwandelt die Männer in der Begleitung des Helden in Schweine, er selbst bleibt durch ein Zauberkraut des Hermes geschützt. Er gewinnt die Liebe der Zauberin und bittet sie, seine Gefährten freizugeben. Das gewährt sie ihm, und die in Schweine verwandelten Männer werden wieder Menschen, und schönere und jüngere sogar, als sie zuvor waren. So bleiben sie ein volles Jahr bei der Zauberin, schmausend und sich vergnügend, bis schließlich Odysseus die Zauberin anfleht, ihn nach Hause ziehen zu lassen. Das will sie ihm zugestehen, aber zuvor müsste er noch das Reich des Hades und der gestrengen Persophone aufsuchen, um den thebaiischen Greis Teiresias zu befragen. Kirke weist ihm den Weg: Wo der Acheron sich mit dem Pyriphlegeton mischt und dem

Strom Kokytos, dort soll er eine Grube graben und Sühnopfer für die Toten vergießen: Zuerst Honig und Milch dann Wein, schließlich Wasser, mit weißem Mehle bestreut. Danach soll er Tiere opfern, nämlich einen Bock und ein Schaf von besonderer Schwärze, die Kirke ihm selbst auf sein Schiff mitgibt.

Der Held erreicht des Ozeans Ende und gelangt in das Land der Kimmerier, die beständig in Nacht und Nebel umhertappen und niemals die Sonne zu Gesicht bekommen. Dort ziehen sie das Schiff an den Strand, graben die Grube und opfern, wie ihnen von Kirke befohlen. Dann schneidet Odysseus den mitgebrachten Tieren die Kehle durch, und das schwarze Blut fließt in die Grube. Da kommen viele Seelen der Toten herauf, Jünglinge, Bräute und Greise, zuletzt ihr eigener Gefährte Elpenor, den sie bei Kirke verloren haben, und der seine Geschichte erzählt. (11. Gesang, S. 150). Er beschwört Odysseus, ihn zu begraben, was ihm Odysseus verspricht.

„… und der Schatten erwiderte gleich und redete also: Du, verrede mir nicht den Tod, erlauchter Odysseus. Wär ich doch lieber ein Knecht und duldete Fron auf dem Acker, einem erbärmlichen Mann von kärglicher Nahrung verdungen, als hier unten der König im Reich verstorbener Toten." (Od. 11, 487-491. Übers. Schröder. A. a. O. S. 200)

Nachdem Odysseus den Bericht vieler Verstorbener angehört hat, fliehen er und die Gefährten entsetzt zu ihrem Schiff.

Im zwölften Gesang wird zuerst von der Bestattung des Elpenor berichtet. Dann erfrischt sie Kirke mit Speisen, die doch dem Reich der Toten entronnen sind. Nachdem sie sich gestärkt haben, weist sie selbst ihnen den Weg und unterrichtet sie, wie sie den auf sie wartenden Gefahren entkommen können.

Die nun folgenden Abenteuer: das Vermeiden der Sirenen, die Durchfahrt durch die gefährliche Enge zwischen Skylla und Charybdis hindurch seien hier übergangen. Schließlich wird durch einen Sturm die Landung in Trinakria erzwungen. Dort schlachten die Gefährten die heiligen Rinder des Helios und es brüllt deren Fleisch an den Spießen. Helios klagt die Frevler bei dem Göttervater Zeus an und den übrigen Göttern, und es wird ihr Schiff im Sturm vernichtet. Die Gefährten trifft sämtlich der

Tod, nur Odysseus wird für seine lange Gefangenschaft bei der Nymphe Kalypso aufgespart, von der wir bereits erfahren haben.

Nach seinem großen Bericht am Hof des Alkinoos wird Odysseus von seinen Gastgebern reich beschenkt. Er geht erneut zu Schiff und strebt der Heimat Ithaka zu. Doch seine Heimkehr gestaltet sich wiederum dramatisch, und der Dichter hat noch viele Verzögerungen eingeplant. Zunächst wird Odysseus schlafend an Land gebracht, und das Schiff kehrt ohne ihn um. Es wird jedoch von Poseidon verfolgt und zu Stein verwandelt. Odysseus aber erwacht und erkennt zuerst die Heimat nicht wieder. Da naht ihm Pallas Athene in Gestalt eines Jünglings und Odysseus beklagt sein Los. Athene gibt ihm das Gewand eines Bettlers, und in dieser Verhüllung kehrt er in die Heimat zurück. Zunächst aber verwandelt sich Athene aus der Jünglingsgestalt zurück in die eines Mädchens, und sie gibt sich Odysseus zu erkennen. Sie berichtet ihm, wie sie ihn ständig beschützt hat. Sie verkündet ihm, dass ihm im eigenen Palast noch manche Drangsal erwartet und trägt ihm auf, sich niemandem zu erkennen zu geben. Zuletzt zerstreut sie den Nebel, der Odysseus am Wiedererkennen der Heimat gehindert hat, und sie fordert ihn auf, nachzudenken, wie er die frevelnden Freier bestrafen könne. Sie verwandelt ihn in einen erbärmlichen alten Bettler, und Odysseus macht sich auf den Weg.

Als ersten von seinen alten Vertrauten trifft Odysseus den Sauhirten Eumaios, der ihn freundlich bewirtet, aber in seiner Verkleidung nicht erkennt. Ich übergehe die Heimkehr des Sohnes Telemach bis zu dem Augenblick, da der Vater sich ihm entdeckt. Gemeinsam beschließen sie, die Freier zu bestrafen. So geht Telemach allein nach Ithaka, und Odysseus folgt, immer noch in der Gestalt des Bettlers, mit Eumaios. Unerkannt wird er vom Ziegenhirten Melantheus misshandelt.

Nun folgt die bewegende Szene, wie ein ganz alter Hund sich mühsam erhebt, zwar die Ohren spitzt und mit dem Schwanz wedelt, aber schon zu schwach ist, sich seinem alten Herrn zu nähern. Dies sieht Odysseus und trocknet heimlich eine Träne.

Auf dem Weg zum Haus muss Odysseus noch mit dem Bettler Iros raufen: der Held von Troja muss sich mit einem Bettler messen. Das ist eine der letzten Prüfungen des vielduldenden Odysseus.

Die letzten Episoden vor der endgültigen und siegreichen Heimkehr sind die Erkennung des Odysseus durch die alte Magd Eurikleia: sie sieht, als sie ihm die Füße wäscht, eine ihr bekannte Narbe an seinem Fuß; dann tragen Odysseus und Telemach die Waffen aus dem Saale seines Hauses in ein oberes Gemach, und Penelope verkündet, dass sie dem Sieger in einem sportlichen Wettkampf angehören will, und sie reicht dazu den Freiern den Bogen des Odysseus. Den kann aber niemand außer seinem alten Besitzer spannen.

Es steigert sich nun die Ausgelassenheit der Freier, und die Mägde des Hauses beteiligen sich an der allgemeinen Zügellosigkeit. Odysseus nimmt es wahr und wird es nicht vergessen.

Als nun der Wettkampf mit dem Bogen beginnt, entdeckt sich Odysseus vor dem Hause dem Eumaios und dem Rinderhirten und er lässt von ihnen das Tor schließen. Nun sitzen die Freier in der Falle. Nachdem sie vergeblich versucht haben, den Bogen des Odysseus zu spannen, ergreift ihn dieser und trifft durch die aufgestellten Streitäxte. Nun erschießt er zuerst den Antinoos, dann die übrigen. Lediglich der Sänger wird verschont.

Dann reinigt Odysseus sein Haus, räuchert den Saal aus und hängt die untreuen Mägde auf. Zuletzt lässt er Penelope rufen, die den ganzen Tumult nicht mit angesehen hat, weil sie sich in einem oberen Gemach eingeschlossen hat. Immer noch hat ihn die Gattin nicht erkannt, obwohl ihn ein Bad verschönt hat. Da klagt Odysseus über ihr hartes Herz und will sich schon von der alten Eurikleia ein Lager für sich allein bereiten lassen. Penelope geht darauf ein und befiehlt ihrerseits der Dienerin, dem Odysseus das Bett hinauszuschaffen, damit er allein schlafen kann. Sie rechtfertigt sich damit, dass der Odysseus, der vor zwanzig Jahren sein Haus verlassen habe, ganz anders aussah als derjenige, der jetzt zurückgekehrt sei. Da gibt sich Odysseus auch ihr zu erkennen, indem er ein Geheimnis ausspricht, das kein Fremder wissen konnte:

„Weib, da sprachest du jetzt ein gar herzkränkendes Wort aus. Wer hat denn mein Bette verstellt? Das müsste doch schwer sein, selbst einem kundigen Mann, es wäre denn einer der Götter, der's mit Willen und Wink gar leicht von der Stelle bewegte; doch verschöb es so leicht kein Mensch mit sterblichen Händen, auch der gewaltigste nicht. Ein groß und sonderlich Zeichen haftet daran. Das schuf ich selbst und wie kein anderer. Wuchs doch innen im Hof mit mächtigen Blättern der Ölbaum, hoch und strotzend an Kraft und dick wie die Säulen am Hause. Und ich umbaute den Baum mit wackern, steinernen Mauern, bis ich die Kammer zur Höhe gebracht, und deckte sie droben, setzte gezimmerte Türen davor mit Riegeln verschlossen. Dann aber kappt ich rings des Ölbaums mächtige Zweige, hieb von der Wurzel hinauf den Stamm mit eherner Schärfe schlicht und sauber zurecht, er ward, am Faden gerichtet und mit Löchern durchbohrt, ein sicherer Pfosten der Bettstatt, dran ich die übrige Last gebaut, bis alles vollendet, schön und glatt, mit Golde verziert und Silber und Elfant innen im Rahmen bespannt mit purpurfarbenen Riemen. Also sprech ich es aus, o Weib, das Zeichen und weiß nicht, ob mir das Bett noch steht; sonst hat derweilen ein anderer mir's verstellt und mitten des Ölbaums Wurzel durchlagen." (Od. 23, 184-204. Übers. Schröder A. a. O. S. 410 f.)

So kommt es zuletzt zum Wiedererkennen der Ehegatten, und es heißt dann: „Jene bestiegen freudig ihr altes Lager, der keuschen Liebe geheiligt." Damit schließt – im 23. Gesang – der ursprüngliche Text der Odyssee. Der Rest ist fremde Zutat.

Nach dieser „Fülle der Gesichter" fällt es schwer, noch ein paar grautheoretische Gedanken anzuschließen. Es sei dennoch gewagt.

Was der Dichter Homer mit seinen beiden Epen, der Ilias und der Odyssee, seinem Volke geschenkt hat, ist in seiner Bedeutung kaum zu überschätzen. Zunächst einmal hat er ihnen eine gemeinsame Sprache verliehen. Das ist näher zu begründen. Hier ist festzustellen, dass es sowohl vor Homer wie nach ihm und bis in die Zeit des Hellenismus bei den Griechen sehr verschiedene Dialekte gegeben hat. Die hat Homer nun keineswegs vereinheitlicht. Er hat vielmehr in einem genialen Kunstgriff eine eigene Sprache aus den verschiedenen Dialekten gebildet mit wohl eigens erfundenen archaisierenden Formen. So konnten sich alle Griechen, also auch die der entlegensten Dialekte, in seiner Dichtung wiederfinden und sagen: ja, so können unsere Altvordern geredet haben. Weil jede Gruppe archaische Wendungen aus ihrer Sprache in den Dichtungen wiederfand, waren sie alle im Besitzt einer gemeinsamen nationalen dichterischen

Urkunde vereint. Dass jahrhundertelang alle Griechen große Teile, wenn nicht die ganzen Epen, auswendig wussten, gab ihnen ein gemeinsames Fundament und einen von allen geteilten Inhalt ihrer Bildung.

Die Bedeutung Homers geht aber über diese eigenartige Kulturgründung durch eine allen gemeinsame Sprache eines Dichtwerkes hinaus. Vielmehr hat auch der Inhalt dieser Dichtung erzieherisch und bildend gewirkt. Hier ist die Milderung der Sitten, die eigentliche Versittlichung eines archaischen Ethos zu einem zivilisierten zu bemerken. Beispielhaft sei die hohe Stellung der Frau genannt.

Die bedeutendste Leistung Homers für die Griechen und damit für das Abendland ist aber, dass er ihnen ihre Götter gedichtet hat. Auch das ist noch kurz zu erläutern. Es ist nicht so, dass Homer die in seiner Dichtung auftretenden Götter sämtlich erfunden hat. Dann hätten sie sich auch kaum bei den Griechen durchsetzen können. Sicher gab es archaische, vorhomerische Namen, wie etwa den der Moira, die sogar noch über dem Göttervater Zeus steht. Dann gibt es Götter, die wohl asiatischer Herkunft sind, deutlich ist das bei Aphrodite, die unter verschiedenen Namen im ganzen alten Orient als die große Liebesgöttin bekannt war, aber auch bei Apollon. Auch hat er böse Züge bei den Göttern nicht getilgt. Aber er hat eine wichtige Gestalt neu geschaffen: die jungfräuliche Göttin Pallas Athene, die in voller Rüstung dem Haupt des Zeus entspringt. Sie ist bei Homer die ständige Geleiterin, die den Helden führt und lenkt und stets die Hand über ihn hält. Sie hat dann aber über das Werk Homers noch eine unschätzbare Bedeutung in der klassischen Tragödie bekommen: bei Aischylos gründet sie den Areopag, den Gerichtshof von Athen, und löst damit die archaische Blutrache ab.

Wenn man bedenkt, dass es bei den Griechen sonst keine theoretischen Schriften zur Theologie gibt und neben Homer nur noch die genealogische Systematisierung der Götterhierarchie bei Hesiod vorhanden ist, dazu die Tragödie und die Hymnendichtung Pindars, wird man auch diese Leistung in ihrer Bedeutung kaum überschätzen können, dass hier ein geschichtliches Volk sich in seinen Göttern erkannt hat und durch sie geeint wurde.

Auch negativ lässt sich das ausdrücken, wenn man berücksichtigt, was in der griechischen Religiosität alles fehlt, woran man sonst im Zusammenhang mit einer Religion denken könnte: es gibt keine Priesterherrschaft, keine Dogmatik und keine Ketzer – natürlich auch keine Ketzerverfolgung. Das ist nicht wenig. Wenn man sich vor Augen führt, dass all das, was als gemeinsamer Besitz an mythischer Religiosität bei den Griechen auf den einen Dichter Homer zurückgeht – mit den erwähnten späteren Ergänzungen – wird man ihm in der Geschichte der Menschheit einen Platz nicht nur bei den ganz großen Dichtern einräumen, sondern ihn auch neben die großen, fortzeugenden religiösen Stifter stellen dürfen.

So gesehen ist sein Platz nicht nur neben Vergil, Dante, Shakespeare und Goethe, sondern auch neben Moses, Buddha und Mohammed. Inwiefern er dann noch zusätzlich in dieser Reihe eine herausragende Stellung einnimmt, weil er der menschlichste der angeführten Stiftergestalten ist, kann nur eine lebenslange Vertiefung in sein Werk deutlich machen. Wenn dieser unzureichende Versuch einer Würdigung dazu anregen könnte, wäre die Mühe nicht umsonst gewesen.

Sin-leqe-unnini
Die Suchwanderung des Helden Gilgamesch

Im Jahre 1872 kam es in London zu einer Entdeckung, die die Kenntnis der Kulturen des Alten Orients revolutionieren sollte. George Smith, ein Mitarbeiter des British Museum, Autodidakt und Assyriologe aus Leidenschaft, war damit beschäftigt, Keilschrifttexte aus der Bibliothek des Assurbanipal in Ninive für einen Auswahlband zusammenzustellen, als sein Blick auf eine Zeile fiel, in der es hieß, dass ein Schiff „am Berge Nisir zur Ruhe kam".

Sogleich erkannte er, dass hier ein Text vorlag, der mit der alttestamentlichen Sintfluterzählung zusammenhängen könnte. Auch hatte er damit als erster neuzeitlicher Forscher ein Bruchstück des Gilgamesch-Epos gelesen und damit diese Dichtung nach über zweitausendjähriger Vergessenheit wiederentdeckt.

Weitere zugehörige Texte wurden in den Beständen des Museums gefunden, und, von der Zeitung Daily Herald unterstützt, konnte Smith noch zusätzliche Textfragmente bei eigenen Ausgrabungen finden. So entstand nach und nach ein immer vollständigeres Bild von dem alten Zwölf-Tafel-Epos, dessen Erforschung sich zahlreiche weitere Gelehrte widmeten.

In den Jahrzehnten nach der ersten Wiederentdeckung wurden schließlich Texte aus einer anderthalbtausendjährigen Überlieferung in vier altorientalischen Sprachen gefunden, übersetzt und eifrig kommentiert, wobei diese Arbeit an den dichterischen Zeugnissen durch die Funde der Archäologen glücklich ergänzt wurden. Auch heute, 125 Jahre nach der ersten Wiederentdeckung, ist diese Arbeit noch keineswegs abgeschlossen. Immer noch sind erst gut zwei Drittel der Dichtung bekannt und weitgehend erschlossen, aber neue Textfunde können das an manchen Stellen lückenhaft bleibende Bild jederzeit nicht nur vervollständigen, sondern womöglich entscheidend verändern. Alle Aussagen und erst recht alle Verallgemeinerungen tragen deshalb immer noch den Stempel des Vorläufigen, aber mit diesem notwendigen Vorbehalt kann ich Ihnen eine grobe Übersicht über das bisher Erkannte und vor allem eine geraffte Nacherzählung des Handlungsablaufes geben, gefolgt von einigen Ansätzen zur Interpretation.

Die Anfänge der Gilgamesch-Dichtung liegen in der sumerischen Kultur, der ersten Hochkultur des alten Mesopotamien. Hier sind Teile von sechs Einzelerzählungen erhalten, die als keilschriftlich überlieferte Texte ins dritte vorchristliche Jahrtausend zurückgehen, aber wohl eine noch ältere mündliche Überlieferung voraussetzen. Von diesen ältesten sumerischen Zeugnissen wurden mindestens vier in das erste in akkadischer, also semitischer Sprache geschriebene Großepos eingearbeitet, von dem die vollständigsten Texte in der Bibliothek des Assurbanipal aus dem 7. Jahrhundert stammen. Sie gehen auf die zusammenschauende Arbeit eines Autors aus dem 12. Jahrhundert zurück, dessen Name als einziger überliefert ist. Er hieß Sin-leqeunnini und gilt als Schulhaupt einer bedeutenden Schule von Tempelschreibern. Aber auch ihm soll nach neueren Forschern schon eine noch ältere semitische Übersetzung aus der Zeit um 2500 v. Chr. vorgelegen haben.

In jedem Fall kann er als der Schöpfer der ersten großen Dichtung der Weltliteratur gelten, die mindestens ein halbes Jahrtausend älter ist als die Ilias, und der die übrigen Hochkulturen des Orients, die Ägypter, Kreter und Israeliten, nichts Vergleichbares entgegenzusetzen haben. Die ursprünglich akkadisch verfasste Dichtung wurde dann in weiteren Fassungen verbreitet, und es sind Bruchstücke in hethitischer und churritischer Sprache erhalten, und Teile davon sind in die Überlieferung des Alten Testamentes eingegangen wie auch in griechische Sagen.

Das Epos beginnt mit einer Rühmung des Helden Gilgamesch, ohne ihn jedoch zunächst schon namentlich zu nennen: Dabei werden ihm gleich zu Beginn schon göttliche Attribute beigelegt:

Der alles schaute bis zum Erdenrande,
Jed' Ding erkannte und von allem wusste,
Verschleiertes enthüllte und gleichermaßen,
Der reich an aller Weisheit und Erfahrung,
Geheimes sah, Verborgenes entdeckte,

Verkündete, was vor der Flut geschah, [...]
Erbaute des umwallten Uruk Mauer
Rings um Eanna, den geweihten Tempel.
(Tafel 1, I, 1 ff. nach der Übersetzung von Hartmut Schmökel, 1966,
2. Aufl. Stuttgart 1971.)

Der Held wird als Riese von Gestalt vorgestellt und in seinem Wesen
geschildert:

Elf Ellen hoch, die Brust neun Spannen breit [...]
Zwei Drittel göttlich und ein Drittel menschlich -
Gewaltig ragte seines Leibs Gestalt (1, II)

Das eben angestimmte Lob des Herrschers wird jedoch sogleich von
einer Klage abgelöst, die ihm zwei für seine Untertanen höchst unange-
nehme und schmerzhafte Eingriffe in deren Lebensvollzüge anlastet:

Es schreckt der Schlag der Trommel seine Leute [...], und:
Nicht lässt zum Liebsten Gilgamesch das Mädchen [...]

das heißt, er lässt durch Trommelschlag die Einwohner der Stadt zum
erzwungenen Mauerbau rufen, und er beansprucht die Mädchen vor dem
Vollzug ihrer Ehe erst einmal für sich. Dieses Bestehen auf dem ius primae
noctis ist sonst unbekannt in der Kultur des Zweistromlandes, und ebenso
wird der Bau einer wehrhaften Verteidigungsmauer als unerhörte Neue-
rung empfunden. Tatsächlich hatte keine der Städte des alten Sumer eine
solche Ummauerung, wogegen die Mauer vor Uruk noch in späterer Zeit
als das Werk des Gilgamesch galt und in den Jahren 1934/35 von deutschen Archäologen wieder ausgegraben wurde, womit sich einmal mehr
die Treue der alten Überlieferungen bestätigte.

Die Anlage bestand aus einem doppelten Mauerring von gut 9,5
km Länge, war etwa 5 m breit und wies 800 bis 900 vorspringende
Bastionen auf, war also nicht nur zu ihrer Zeit ein gewaltiges Bauwerk,
dessen Errichtung nicht ohne härtesten Zwang durchgesetzt werden

konnte (S. 123). Die Klage der Bürger von Uruk erreicht den Himmelsgott Anu, und der lässt von Aruru nun ein „Ungetüm" erschaffen, das dem
Gilgamesch entgegentreten soll. Aruru geht folgendermaßen zu Werke:

Sobald Aruru dies vernommen, schuf sie [...]
ein göttlich Ebenbild,
Wusch sich die Hände, teilte Lehm sich ab
und legt ihn draußen in der Steppe nieder,
Schuf Enkidu, den Mächtigen, den Helden [...]
Bedeckt mit Haar am ganzen Leibe [...]
Er kennt nicht Land noch Leute [...]
Mit den Gazellen nährt er sich von Gras,
Zieht hin zur Tränke mit den Steppentieren [...].

Der mächtige Enkidu, der in der Wildnis wie ein Tier unter den Tieren
lebt, zerreißt einem Jäger die Fangnetze. Der beklagt sich bei seinem Vater,
und der weiß Rat: Er solle in Uruk dem Gilgamesch berichten und sich
von diesem eine Dirne mitgeben lassen. Diese soll den Naturmenschen
Enkidu verführen, dann werde das Wild vor ihm fliehen. So wird der
Plan ins Werk gesetzt. Im Auftrag von Gilgamesch sucht also der Jäger in
Begleitung der Dirne Enkidu auf und hetzt sie mit diesen Worten auf den
tiergestaltigen Enkidu:

„Das ist er, Dirne! Zeig ihm deine Brüste,
Den Schoß tu auf ihm, dass er sich dir nahe! [...]
Wirf ab dein Kleid, dass er sich auf dich lege,
Errege seine Lust nach Frauenweise."

So geschieht es: Die Dirne „erregt seine Lust nach Frauenweise",

Sechs Tage, sieben Nächte gingen hin,
da Enkidu die Tempeldirne liebte,
Bis er an ihren Reizen sich gesättigt.

Die Folgen dieser Begegnung überraschen ihn:

> Das Wild der Steppe wich vor ihm zurück,
> Und Enkidu erschrak, sein Leib ward starr,
> Die Kniee wankten, da sein Wild ihn floh.
> Schwach ward er, und es war nicht wie zuvor,
> Doch hatte er nun Wissen; er begriff.

In seiner Rat- und Hilflosigkeit wendet er sich an die Dirne, und diese verspricht, ihn zum ummauerten Uruk zu führen und

> Zum Heiligtum, da An und Ischtar wohnen
> [...] dort weilt Gilgamesch, der starke Held:
> von dem es weiter heißt: Schamasch selbst bezeigt ihm seine Huld.

Damit ist der Sonnengott zum ersten Mal erwähnt, unter dessen besonderem Schutz Gilgamesch steht. — Die Dirne weiß auch noch zu berichten, dass Gilgamesch schon von Enkidu geträumt habe, und so werden die ersten vorausdeutenden Träume erzählt, von denen im Verlaufe der Handlung noch mehrere an den entscheidenden Stellen auftreten. Die beiden ersten dieser Träume berichtet Gilgamesch seiner Mutter, der weisen Ninsun, die ehemals die Gemahlin des später vergöttlichten Lugalbanda war, des Vorgängers von Gilgamesch auf dem Thron von Uruk. Ninsun vermag die Träume zu deuten. Im ersten der Träume fällt ein Stern zu Gilgamesch nieder, der vergeblich versucht, ihn aufzuheben. Dann nimmt er offenbar menschliche Gestalt an, und es heißt:

> „Und meine Männer küssten seine Füße.
> Hin zog's mich zu ihm wie zu einer Frau.“

Die Deutung der Ninsun lautet:

> „Der Himmelsstern – das ist dein Gegenpart [...]
> Dass wie zu einer Frau dich's zu ihm zog,
> Bedeutet: Nie wird er im Stich dich lassen.“

Im zweiten Traum erblickt Gilgamesch ein Beil, das er der Mutter zu Füßen legt. Auch dieses deutet sie als einen starken Freund und Helfer in der Gefahr. Die Formel, „dass es wie zu einer Frau dich zu ihm hinzog", wird dabei wiederholt.

Die zweite Tafel zeigt Enkidu auf dem Weg in die Stadt Uruk. Unterwegs bereitet ihn ein Mann auf die Begegnung mit Gilgamesch vor, von dem er berichtet, dass er der Stadt die Ziegelkörbe auflädt, und dass er als erster bei den erwählten Ehefrauen schläft, und danach erst der Ehemann. Damit soll offenbar seine tyrannische Herrschaft charakterisiert werden.

Enkidu betritt die Stadt während der Zurüstungen zu einem Fest, und dem Gilgamesch wird wie einem Gott gehuldigt. Trotzig tritt er ihm in den Weg, und beide ringen miteinander, dass das Mauerwerk erbebt. Dabei erweisen sie sich als ebenbürtige Recken, und ebenso heftig, wie ihr Zorn begonnen hatte, lassen sie voneinander ab und das Ungestüm des Enkidu schlägt um in Bewunderung dessen, mit dem er soeben noch gekämpft hat:

„Ganz ohnegleichen bist du, den gebar
[...] Wildkuh, Ninsun, deine Mutter!"

Mit einer Wendung, wie man sie heute noch in südlichen Ländern hören kann, lobt Enkidu also zuerst die Mutter des Gilgamesch.

Nach einer Lücke berichtet nun die dritte Tafel von dem Zug der beiden, jetzt befreundeten Helden gegen den Riesen Chuwawa, der den Zedernwald bewacht. Enkidu hat zuerst Bedenken und warnt vor dem Unternehmen:

„Zehntausend Doppelstunden dehnt der Wald sich,
Wer könnte es wagen, in ihn einzudringen!
Chuwawas Brüllen gleicht dem Sintflutsturm,
Und Feuer ist sein Rachen, Tod sein Hauch!"

Aber er kann sich mit seiner Warnung nicht durchsetzen. Die Helden gehen zu den Waffenschmieden und lassen sich mit gewaltigen Äxten und

Schwertern ausrüsten. Nun hören sie noch die Warnungen der Ältesten von Uruk, schlagen sie aber in den Wind. Schließlich betet Gilgamesch zu seinem Schutzgott Schamasch und fleht um Hilfe bei dem gefährlichen Unternehmen. Tränenüberströmt spricht auch er nun von einem „Weg, den ich nie ging […]. Und dessen Lauf, o Gott, mir unbekannt!" Zuletzt sucht er seine Mutter Ninsun auf, um sich von ihr Stärke zu holen. Diese schmückt sich für eine feierliche Opferhandlung und opfert dem Gott Schamasch Weihrauch auf dem Dache. Aber sie bittet nicht nur für Gilgamesch, sondern sie schließt auch dessen Freund Enkidu ein:

„Held Enkidu, nicht meinem Schoß entsprossen,
Ich hab als Sohn dich hiermit angenommen."
Dann schlingt sie, wohl zum Schutz, ein Band um seinen Nacken.

Die Helden ziehen nun zum Zedernwald, wobei sie einen Weg, der sonst anderthalb Monate dauern würde, in drei Tagen zurücklegen. Als sie endlich den umfriedeten Zedernwald erreichen, verlässt Gilgamesch beinahe doch noch der Mut angesichts der furchtbaren Wächter des Chuwawa. Auch Enkidu trifft ein Unheil: seine Hand wird gelähmt, als er das Tor zum Zedernwald berührt. Die Helden blicken nun auf den zedernbewachsenen Berg, „den Wohnsitz der Götter". Spätestens hier wird klar, dass sie im Begriff sind, sich an einem Heiligtum zu vergreifen. Sie verharren eine Zeitlang, und wieder hat Gilgamesch wahrsagende Träume, die ihm diesmal Enkidu deutet. Dabei ist er es nun, der ihm Mut zuspricht und seine Bedenken zerstreut: „Chuwawa werden packen wir und töten." So geschieht es, und nach furchtbarem Kampf erlegen sie den Riesen Chuwawa, nachdem sie ihn durch das Fällen einer Zeder herausgefordert haben. Sie können ihn aber nur überwinden, weil Schamasch eingreift und ihnen einen Orkan zur Hilfe sendet. Als sie den Wächter Chuwawa erschlagen haben, klagen die Zedern um ihn. Auch sie werden gefällt und als Beute fortgeführt. Es sind sieben an der Zahl.

Zeichnete sich die Komposition des Epos bisher schon durch eine wohlberechnete Steigerung der spannenden Elemente aus, so zielt nun die sechste Tafel auf einen Höhepunkt und die Peripetie. Wieder in seiner

Stadt Uruk, bereitet sich Gilgamesch auf seinen Triumph vor und will sich
für seinen Sieg feiern lassen:

> Er wusch sein Haar, polierte seine Waffen [...],
> Legt' ab die schmutz'gen Kleider, nahm sich reine, [...]
> Als die Tiara er aufs Haupt gesetzt,
> Hob ihre Augen auf die wunderbare Ischtar
> zu Gilgamesch in seiner Mannesschöne, und sie umwirbt ihn:
> „Komm her, o Gilgamesch, sei mein Gemahl!
> Und lass mich deine Manneskraft genießen [...]"

Sie verspricht ihm die Fülle der Macht und auch Fruchtbarkeit der Herden:

> „Dir werden Drillinge die Ziegen werfen,
> die Schafe Zwillingslämmer dir gebären!"

Die Antwort des Gilgamesch ist unerwartet und schroff:

> „Wie ging's mir wohl, wenn ich zur Frau dich nähme?
> Ein Ofen bist du, der nicht wärmt bei Kälte [...]
> Bist Erdpech, das besudelt, Wer es anfasst [...]."

Und er hält ihr ein langes Sündenregister vor:

> „Wo ist der Buhle, den du treu gehegt? [...]
> Dem Tammuz, dem Geliebten deiner Jugend,
> Hast Tränen du für jedes Jahr bestimmt.
> Du liebtest auch den farbenfrohen Vogel,
> Doch schlugst du ihn, zerbrachest ihm die Flügel,
> Nun sitzt er im Gehölz und ruft „kappi"!
> Den Löwen liebtest du [...]
> Und hobst ihm (doch) der Gruben aus je sieben!
> Auch liebtest du den kampferprobten Hengst,
> Bestimmtest doch ihm Peitsche, Stich und Hieb [...]

Dann liebtest du den Hirten bei den Schafen [...]
Und schlugst ihn, ließest einen Wolf ihn werden -
Nun scheuchen ihn die eignen Hütejungen,
Und seine Hunde beißen ihn ins Bein!
Dann packte Liebe dich zu Ischullanu,
der deines Vaters Palmengärtner war, [...]
(und sprachst zu ihm): ‚O mein Ischullanu,
komm lass uns doch genießen deine Kraft,
Reich deine Hand, berühre meinen Schoß!‘

Als dieser sich weigert, ihr zu Gefallen zu sein, rächt sie sich:

„Da schlugst du ihn, ließt‘ einen Frosch ihn werden [...]
Mir brächte deine Liebe Gleiches ein!“

Angesichts dieser Schmähung eilt Ischtar zu ihrem Vater, dem Himmelsgott Anu und erbittet seine Hilfe, den Beleidiger zu strafen:

„O Vater, schaff für mich den Himmelsstier,
auf dass zerschmettere er Gilgamesch!
Gibst du mir aber nicht den Himmelsstier,
Zerschlage ich des Totenreiches Pforten [...]
Und lasse so die Toten auferstehn,
auf dass sie dann die Lebenden verschlingen
Und es mehr Tote als Lebendige gibt!“

Durch ihre Bitten und Drohungen lässt sich Anu bewegen, ihr den
Himmelsstier zur Bestrafung des Gilgamesch zu senden.

So stieg denn nun herab der Himmelsstier [...]
Sein erstes Schnauben fällte hundert Menschen [...]“

Furchtbar wütet der Stier unter den Menschen, bis es Enkidu gelingt, ihn
mit dem Schwert zu töten. Die beiden Helden reißen ihm das Herz aus

der Brust und bringen es Schamasch als Opfer dar. Als nun Ischtar, die von der Zinne her zugesehen hat, den Tod des Stiers beklagt, reißt Enkidu ihm noch einen Schenkel aus und schleudert ihn gegen sie und ruft:

> „O könnt' ich nur heran an dich, ich würde
> Mit dir das gleiche wie mit diesem tun,
> Ja, seine Eingeweide um dich schlingen!"

Nach diesem neuerlichen Triumph ruhen sich die Helden aus und es folgen wieder Träume, die das kommende Unheil ankündigen: Die siebente Tafel schildert den Traum des Gilgamesch. Er sieht, wie die Götter Anu, Enlil, Ea und der Sonnengott zu einer Beratung zusammentreten, wie die Frevler zu bestrafen wären. Schließlich verkündet Enlil:

> „Es sterbe Enkidu, jedoch soll Gilgamesch am Leben bleiben!"

Als Enkidu den Traum dem Gilgamesch berichtet, fällt dieser in Verzweiflung. Enkidu, der offenbar auf den Tod krank ist, besinnt sich nun, wie er in diese Lage gekommen ist, und er verflucht den Jäger und die Dirne, die ihn in die Stadt gebracht hat:

> „Was in der Gosse schwimmt, sei deine Speise,
> Und was im Rinnstein fließt, das sei dein Trunk!
> Ja, auf der Gasse sollst du hausen müssen [...]
> Es soll der Trunkene wie der, der dürstet,
> (ohn Unterschied) dich auf die Wange schlagen!"

Da verwendet sich Schamasch zugunsten der Dirne, und Enkidu lässt sich etwas besänftigen, weil sie ihm ja nichts Böses getan hat:

> „So kehre, Dirne, in dein Haus zurück,
> Dass Könige, Fürsten, Mächtige dich lieben [...]
> der Jüngling seinen Gürtel löse
> Empfange [...] Lapislazuli und Gold!"

Enkidu hat dann noch einen zweiten, deutlicheren Traum, der ihm den Tod ankündigt. Nach zwölf Tagen Krankenlager stirbt er, heftig betrauert von seinem königlichen Freund Gilgamesch, der nach Art eines kriegerischen Helden zuerst trotzig ausruft: „Nur wer im Kampfe fällt, ist glücklich!", dann aber in lautes Wehklagen ausbricht. Er lässt ein Standbild des Toten anfertigen und will ihn zunächst nicht zur Bestattung fortgeben:

Ich lass dich ruhn auf einem Ehrenlager,
Ich lass dich sitzen auf bequemem Sessel,
(der aufgerichtet ist) zu meiner Linken
Des Landes Fürsten küssen dir die Füße!"

Schließlich muss er doch das Unwiderrufliche des Todes anerkennen und ruft die Bürger Uruks zur feierlichen Totenklage auf und bestattet den toten Freund mit aller Pracht.

Die neunte Tafel zeigt Gilgameschs Aufbruch zur Lebenssuche. Zuerst irrt er in der Steppe umher, dann findet er ein Ziel: er will zu seinem Ahn Utnapischtim, der die große Flut überlebt hat. Nachts hat er wieder einen Traum: diesmal sind es Löwen, die ihn bedrängen. Er kann sie aber mit dem Schwert erschlagen.

Auf seiner Suchwanderung zum Ahn Utnapischtim gelangt der Held zuerst zu den Skorpionenmenschen, die am Berge Maschu Wache halten. Sie sind so furchtbar, dass schon ihr Anblick tödlich ist. Aber Gilgamesch tritt furchtlos näher. Schon ruft der Skorpionenmensch: „Der Leib des', der da kommt, ist Götterfleisch!", doch sein Weib antwortet: „Zwei Drittel Gott, ein Drittel Mensch ist er!" Da fragt ihn der Skorpionenmensch nach seinem Begehr: „Was zogst du einen solchen fernen Weg [...] Und überschrittest Ströme, schwer zu queren?"

Hier folgt eine größere Lücke im Text. Dann erklärt Gilgamesch:

„Zu Utnapischtim, meinem Ahnen, will ich,
Der in den Kreis der Götter trat und lebt,
Nach Tod und Leben wollte ich ihn fragen!"

Da gibt der Skorpionenmensch, der seinen Mut bewundert, ihm den Weg frei:

„So zieh denn hin, o Gilgamesch,
Durchquere das Gebirge Maschu frei [...]
Das Tor des Berges ist dir aufgetan!“

Nun folgt Gilgamesch dem Pfad des Sonnengottes Schamasch und zieht zwölf Stunden durch die Dunkelheit. Schließlich gelangt er zum Garten der Edelsteine: Da hängen Trauben, herrlich anzuschauen. Wieder sind größere Teile der Dichtung nicht erhalten. In einem Fragment warnt Schamasch, der bisher immer die Hand über dem Helden gehalten hat: „Wo läufst du hin? Das Leben, das du suchst, wirst du nicht finden.“

In einer wohlberechneten Verzögerung lässt der Dichter seinen Helden nicht sofort zu seinem Ahnen vordringen, sondern führt ihn zuerst zu der Schenkin Siduri, die fern am Rande des Meeres haust. Sie fragt ihn ebenfalls nach seinem Anliegen, und das gibt ihm die Gelegenheit, in einer kunstreichen Wiederholung sein bisheriges Leben zu erzählen und am Ende von seinem großen Schmerz zu berichten:

„Enkidu, den ich von ganzem Herzen liebte,
er, der mit mir durch alle Nöte zog -
Das bittre Los der Menschheit nahm ihn weg!
Ich weint’ um ihn sechs Tag’ und sieben Nächte,
Ich gab nicht zu, dass man zu Grab ihn trüge
Bis dass die Würmer sein Gesicht befielen. [...]
Mein Freund, den ich so liebte, ward zu Erde [...],
Und ich – muss ich gleich ihm mich niederlegen,
dass ich nie wieder mich erheben kann?
O Schenkin, nun, da ich dein Antlitz sah -
Lass mich nicht schaun den Tod, den ich so fürchte!“

Da antwortet ihm die Schenkin Siduri und gibt ihm einen Rat:

„O Gilgamesch, wohin noch willst du laufen?
Das Leben, das du suchst, wirst du nicht finden!
Denn als die Götter einst die Menschen schufen,
Da teilten sie den Tod der Menschheit zu,
Das Leben aber nahmen sie für sich!
Drum fülle dir, o Gilgamesoh, den Bauch,
Ergötze dich bei Tage und bei Nacht! [...]
Lass deine Kleider strahlend sauber sein,
Wasch dir das Haupt und bade dich in Wasser,
Blick' auf das Kind, das an die Hand dich fasst,
Beglückt sei deine Frau an deiner Brust –"

Dieser Rat scheint Gilgamesch nicht zufrieden zu stellen, denn er fragt weiterhin nach dem Weg zu Utnapischtim. Siduri aber antwortet, dass außer dem Gott Schamasch niemand den Übergang über das Meer geschafft habe, so tief sei das Todeswasser. Nur Urschanabi, der Fährmann des Utnapischtim, käme hinüber, aber nur mittels steinerner Ruder. Es kommt nun zu einer Begegnung mit dem Fährmann, und Gilgamesch zerstört ihm die Ruder. Wiederum erzählt er seine Lebensgeschichte und erklärt, warum er zu seinem Ahnen gelangen wolle. Da ist der Fährmann nun offenbar zur Hilfe bereit, und er lässt ihn als Ersatz für die zerschlagenen steinernen Ruder hundertzwanzig Stangen schlagen, von denen jede nur einmal in das Wasser getaucht werden kann. Als alle Stangen verbraucht sind, bindet Gilgamesch sein Gewand als Segel an den Mast. So gelangt er doch noch zu Utnapischtim und kann auch ihm seine Lage schildern und sein Anliegen vortragen. Aber auch Utnapischtim weiß keine andere Auskunft als diese:

„Der bittre Tod ist wahrlich unausweichlich. [...]
Nicht gibt's Beständigkeit seit ewigen Tagen -
Der Schläfer und der Tote – wie verwandt!
Denn zeigen beide nicht des Todes Bild? [...]
Die Anunnaki aber, hehre Götter,
die halten Rat, und es bestimmt mit ihnen

Mamitum, Schicksalsschöpferin, die Lose.
So Tod wie Leben ist in ihren Händen -
Doch bleibt verhüllt, wann deine Tage enden!"

Der Text der nun beginnenden elften Tafel ist der am besten erhaltene des gesamten Epos. Gilgamesch fragt den Ahnherrn: „Wie fandest du Eingang in den Rat der Götter, und wie gewannst du das ewige Leben?"

Darauf gibt Utnapischtim den Bericht von der großen Flut und von seiner Errettung. Er erzählt von seinem Leben in der Stadt Schuripak, und dass die Götter beschlossen hatten, eine Flut kommen zu lassen. Einer von ihnen warnt ihn jedoch:

„Reiß ab dies Haus und baue draus ein Schiff,
Lass fahren den Besitz, das Dasein rette!
Ins Schiff nimm aller Lebewesen Samen!"

Utnapischtim schildert nun in allen Einzelheiten den Bau der Arche:

„Die Kinder trugen Erdpech mir herbei,
Die starken Männer jeglichen Bedarf. […]
Sechs Zwischenböden fügte ich ihm ein,
In sieben Decks es dadurch unterteilend. [...]
Was ich an Silber hatte, lud ich ein […],
Ließ einziehn aller Lebewesen Samen,
Hieß alle geh'n aufs Schiff, die mir verwandt,
und nahm an Bord auch alles Vieh des Feldes,
das Wildgetier und alle Handwerksmeister."

Es erscheinen Warnzeichen, die jedoch von den anderen Menschen nicht beachtet werden. Schließlich verschlingt sie die Flut. Da wird Ischtar gewahr, welchem Plan sie zugestimmt hatte, und sie klagt:

... „Erst gebären meine Menschen,
Und dann erfüll'n wie Fischbrut sie das Meer!"

Dann folgt das Ende der Flut und die Landung der Arche am Berg Nisir – ganz wie es George Smith zuerst im Jahre 1873 gelesen hatte (11. Tf., Vers 140), die Aussendung der Vögel und der Auszug der Geretteten aus der Arche. Das alles findet sich auch im Genesis-Bericht in den Kapiteln 7 bis 9. Analog zum Bund, den Jahwe mit Noah schließt, segnet der Gott Enlil Utnapischtim und verkündet:

„Bisher war Utnapischtim nur ein Mensch,
Von nun an aber sollen Utnapischtim
und auch sein Weib uns Göttern gleichen
Und wohnen an der Ströme ferner Mündung."

Nach seinem Sintflutbericht wendet er sich dem Anliegen des Gilgamesch zu und sagt, als Probe der angestrebten Unsterblichkeit müsse er beweisen, dass er sich des Schlafes enthalten könne: „Wohlan, versuch des Schlafs dich zu enthalten, sechs Tags Lang und sieben Nächte."
Überflüssig zu sagen, dass er nach all den Anstrengungen diese Probe natürlich nicht besteht. Dennoch wird ihm ein Reinigungsbad gewährt:

Und Gilgamesch spült seinen Schmutz hinweg
im Wasser, dessen Reinheit gleich dem Schnee,
Auch warf er seine Felle von sich ab,
auf dass das Meer hinweg sie spüle und
Die Schönheit seines Leibes sichtbar werde.

Er erhält auch ein neues Gewand, von dem es heißt: „Bis seine Wanderung ein Ende hat, würd' sauber bleiben dies Gewand und neu." Es fragt nun die Frau des Utnapischtim:

„Da ist nun Gilgamesch
Erschöpft, nach großer Mühsal, hergekommen -
Was gibst du ihm für seinen Heimweg mit?"

Am Strande teilt er ihm dieses mit:

„Da gibt es eine Pflanze, stechdornähnlich...
Wenn deine Hände diese Pflanze heben,
so findest du durch sie ein neues Leben."

Da bindet Gilgamesch Steine an seine Füße und taucht nach dem Kraut des Lebens. Er bringt es auch glücklich an die Oberfläche und, begleitet von dem Fährmann, macht er sich auf die Heimreise. An einem Teich machen sie Rast, und Gilgamesch nimmt ein Bad, um sich zu erfrischen. Die Pflanze hat er am Ufer abgelegt. Und nun geschieht doch noch das Unglück:

Doch eine Schlange roch des Krautes Duft,
Still stieg sie auf und raubte das Gewächs.
Kaum kehrt' sie um, warf schon die Haut sie ab.
Da hockte Gilgamesch sich weinend nieder,
Die Tränen flossen über sein Gesicht.
„Wofür, o Urschanabi, haben nun
gemüht sich meine Arme, und wofür
Hat aufgebraucht sich meines Herzens Blut?
An Segen habe nichts ich mir gewonnen [...]."

So kehrt er mit leeren Händen heim in seine Stadt. Aber er kann mit Stolz auf sein Werk verweisen:

„Wohlan denn, Urschanabi, steig empor
zu Uruks Mauer, schreit auf ihr entlang.
Blick auf die Gründung, sieh das Ziegelwerk,
ob es nicht völlig aus gebranntem Stein [...]".

Das Bauwerk hat ihn überdauert, und noch in ferner Zeit wurde er als der Erbauer gerühmt, und mit den Mauern bewahrte das große Epos seinen Namen über anderthalb Jahrtausende, um dann, nach weiteren zwei Millenien der Vergessenheit, aus dem Wüstensand wieder aufzuerstehen und den Namen des Helden Gilgamesch bis in unsere Zeit zu tragen.

Der zwölfte Gesang stellt die Teilübersetzung einer ursprünglich selbständigen sumerischen Dichtung dar, die von der Beschwörung des Geistes des Enkidu erzählt, und die seinen Bericht von der Unterwelt wiedergibt. Dieser Teil des Textes kann hier außer Betracht bleiben.

Nach dem gerafften Bericht über den Handlungsablauf werden Sie nun zumindest Ansätze zur Interpretation erwarten. Ich kann aber nicht mit Behauptungen und Thesen aufwarten, sondern möchte nur noch einige Fragen anschließen, so wie sie mir bei der Lektüre der Dichtung, einiger Einleitungen dazu und mancher wissenschaftlicher Aufsätze darüber in den Sinn gekommen sind. Diese Fragen gehen in drei verschiedene Richtungen, die man – abgekürzt – als die religionsgeschichtliche, die politische und die tiefenpsychologische Frage bezeichnen könnte. Zuerst also ein paar Bemerkungen Zu den religionsgeschichtlichen Fragen, die das Epos aufwirft.

Um mit dem Auffälligsten zu beginnen: Vielen Interpreten ist aufgefallen, dass Gilgamesch, als Ischtar nach seinen vollbrachten Heldentaten um ihn wirbt, die Göttin mit schneidender Kälte abweist und ihre Liebe von sich stößt. Nun wäre es seines Amtes als König von Uruk gewesen, beim Neujahrsfest stellvertretend für die Göttin auf der Spitze des Tempelberges in einem eigens dafür hergerichteten Gemach mit der Oberpriesterin die Heilige Hochzeit zu begehen, um die Fruchtbarkeit wieder für ein Jahr zu sichern. Das weist er von sich, und ganz im Gegensatz zu dieser frommen Haltung der Liebesgöttin gegenüber sucht er zu Anfang des Gedichts, wie erinnerlich, seine individuelle Lust in dem angemaßten Recht der Ersten Nacht. Das können die Bürger von Uruk nicht verstehen, und darum beklagen sie sich zu recht über ihn.

Aber noch einen Frevel begeht er, indem er die Dirne, die als Tempeldirne der Ischtar geweiht ist, für seine Zwecke profaniert und als Köder für den Steppenbewohner Enkidu auslegt. Damit macht er sie von der sakralen Prostituierten zur verächtlichen Hure, was dann später noch in der feierlichen Verfluchung der Dirne durch Enkidu breit ausgeführt wird.

Es stellt sich damit die Frage: Wird hier ein älterer Kult abgelöst, der der großen Lebensspenderin Ischtar galt, und wird ein neuer Kult, der des Himmelsgottes Schamasch, an seine Stelle gesetzt? (Ein gesondertes

Problem ist, warum der zur Zeit der Kompilation des Epos herrschende Reichsgott Marduk an keiner Stelle erwähnt wird. Dafür hat noch kein Interpret einen Vorschlag gemacht.)

Dass in der Zeit, in der die Gilgamesch-Überlieferung entstanden ist, ein Wandel von älteren kultischen Begehungen zu gänzlich anderen Auffassungen geschehen sein muss, dafür könnte man noch einen anderen Beleg anführen, nämlich die Kultlegende des Gottes Enki, von dem es heißt, dass seine Schwäche die Frauen seien. Seine älteste Geliebte unter den Göttinnen, Ninhursanga, gebiert ihm nach nur neuntägiger Schwangerschaft eine bildschöne Tochter, die Göttin Ninmu. Sie wächst schnell heran, und Enki ist von ihrer Schönheit fasziniert. So legt er sich zu seiner Tochter, die ihm auch nach neuntägiger Schwangerschaft eine Tochter – und Enkelin – namens Ninkurra gebiert. Auch mit ihr setzt Enki den Reigen fort, so dass sie ihm, wiederum nach neuntägiger Schwangerschaft, die Tochter und Urenkelin Uttu gebiert. Diese will dann nicht mehr Familienmutter werden, sondern wendet sich der Weberei und Wäscherei zu. Das kränkt Enki, und um auch sie zu gewinnen, muss er zu einer List greifen: er verkleidet sich als Gärtner und nähert sich mit verlockenden Früchten. So erlangt er mit List – oder Gewalt – auch ihre Liebe (Uhlig S. 25 f.).

Was ist das nun für eine Erzählung, in der der göttliche Schürzenjäger Enki es mit seiner gesamten weiblichen Nachkommenschaft treibt und in der die Mühe und Gefahr der Schwangerschaft auf lächerliche neun Tage reduziert werden? Ist das nicht eine ähnliche Herabsetzung des Großen Weiblichen wie die Verhöhnung der Ischtar durch Gilgamesch? Ist diese Erzählung nicht statt eines Mythos eher die Parodie auf einen Mythos und noch dazu eine rohe und geschmacklose?

Als zentrales Thema des Gilgamesch-Epos wird von vielen Interpreten die Suche nach der Unsterblichkeit angesehen. Sie bildet die Klammer für die einzelnen Episoden der Handlung; das scheint offensichtlich. Aber um welche Art der Unsterblichkeit geht es hier? Für die Kulturen des Zweistromlandes ergeben sich zwei Weisen, die Unsterblichkeit vorzustellen und das ewige Leben zu gewinnen, die nicht nur diametral verschieden sind, sondern auch von unseren geläufigen Vorstellungen beträchtlich abweichen.

Für ein christlich geprägtes Denken stellt sich die Frage nach der Unsterblichkeit im Zusammenhang eines Lebens nach dem Tode und der Auferstehung, während es im altorientalischen Denken die ganz anderen Möglichkeiten des Lebens aus dem Tode und des ewigen Lebens als der Überwindung des Todes gibt. Die erste Möglichkeit zeigt sich in den Riten der großen Erdmutter, die – vom Himmelsgott befruchtet, im Kreislauf des Jahres die Lebewesen gebiert. In ihrem Mutterschoß, der zugleich die Sphäre des Todes ist, wird das Leben gehegt und kommt daraus hervor nach der Analogie des Korns, das der Erde anvertraut wird und die neue Ernte hervorbringt.

Diese Möglichkeit, das ewige Leben im zyklischen Ablauf der ewigen Wiederkehr vom Eingehen in den – todbringenden – Schoß der Großen Muttergottheit und der Wiedergeburt im Frühjahr zu erhalten, wird von Gilgamesch schroff zurückgewiesen, indem er für sich die Liebe der Ischtar nach der Art ihres Sohn-Geliebten Tammuz ablehnt.

Er strebt vielmehr, nachdem er durch den Tod des Freundes Enkidu mit dem Problem der Sterblichkeit konfrontiert wird, für sich die andere Möglichkeit an. Nach dem Beispiel seines Urahns Utnapischtim, den die Götter bei der großen Flut verschont und an einen weltjenseitigen Ort entrückt haben, wo er sich einer persönlichen Unsterblichkeit erfreut, möchte auch Gilgamesch vom unausweichlichen Todeslos befreit werden. Sein Ziel ist also, den Tod wie sein Ahn zu besiegen und das Leben fortsetzen zu können als ein Immermehr vom Selben, was die Scholastiker als sempiternitas bezeichnet haben und etwa den reinen Geistwesen zuschreiben. Diesen Wunsch möchte ihm Utnapischtim erfüllen, und er verhilft ihm zu dem Kraut des Lebens, das er dann durch ein banales Missgeschick an die Schlange verliert, die sich sogleich häutet – ein altes Symbol der Unsterblichkeit.

Zeigt der geniale Dichter des Epos, dass der Mensch – dargestellt in der Figur des Herrschers von Uruk – dem Tode erst recht nicht entgeht, wenn er die alte Weise des Kultes aufgegeben hat und nun meint, er könnte das ewige Leben durch die eigene Heldentat gewinnen?

Mit diesen religionsgeschichtlichen Fragen hängen die politischen eng zusammen, so wie die Städte des alten Sumer vom Tempelberg und vom Palast der Herrschers – später hätte man gesagt, von Thron und Altar – beherrscht werden. Dabei ist nicht ausgemacht, welche der beiden Instanzen als die übergeordnete vorzustellen ist. Hier mag es Kämpfe gegeben haben, und im Laufe der mehrtausendjährigen Geschichte der mesopotamischen Kulturen dürfte das Übergewicht häufig hin- und hergegangen sein. Unbestritten aber dürfte sein, dass alle religiösen Fragen in der Frühzeit auch politische waren, und dass die politischen Auseinandersetzungen ebenso ihren theologischen Kern gehabt haben dürften.

Bei Gilgamesch ergibt sich die zusätzliche Frage nach dem Beginn seiner Herrschaft. Hier schweigt sich die Dichtung aus. Zwar wird seine Mutter genannt, aber vom Vater ist nicht die Rede. War dieser vielleicht minderen Ranges, ein Fremder oder ein Outlaw? Ist der Held nicht womöglich als Usurpator auf den Thron gelangt? Warum unternimmt er als Erster und als Einziger innerhalb seines Kulturkreises die immense Anstrengung, die Stadt durch eine gewaltige Mauer zu sichern? Mußte er um seine Herrschaft fürchten?

Wenn also seine Herrschaft auf irgendeine Weise ständig bedroht und umstritten war, könnte es sein, dass ein von ihm inspirierter Reichstheologe durch seine Dichtung – oder Kompilation von älteren Einzelepisoden – bestrebt war, diese gefährdete Macht abzusichern, vielleicht für seinen Erben, der ja dann gleichfalls nicht sicher im Sattel saß? Auffällig ist doch, wie sehr der Dichter seinen Helden mit der Gunst des Gottes Schamasch in Verbindung bringt; wollte er ihn in einem neueren Kult verwurzeln und dadurch befestigen?

Zu den politischen Fragen, die das Epos aufwirft, gehört auch die nach der ursprünglichen Zielsetzung der Dichtung. Könnte es sich dabei um die Schrift eines Priester-Mentors handeln, die der Heranbildung eines Thronerben dienen sollte? Dann wäre sie zumindest durch diesen Aspekt auch in die Gattung der Fürstenspiegel einzuordnen, als deren erstes und gewaltigstes Exemplar sie damit zu gelten hätte. Der Dichter wäre dann aber auch als ein lebenserfahrener Skeptiker erkennbar, der den jungen Herrscher von verstiegenen Spekulationen abbringen und auf den Weg einer nüchternen Politik in den Grenzen dessen, was dem Menschen möglich und aufgegeben ist, zu leiten bestrebt gewesen sein könnte.

Diese politischen Fragen sind, mangels klarer Zeugnisse, weithin ebenso unentscheidbar wie die religionsgeschichtlichen. Dagegen dürften die tiefenpsychologischen Fragen, die im Zusammenhang mit der Dichtung entstehen könnten, weit eher einem Verstehen zugänglich sein. Sie werden sicher schon die vielen Träume mit Interesse verfolgt haben, die in den Ablauf der Handlung eingebaut sind, und auch die gewaltigen Bilder und Symbole wie der Zedernwald, der Himmelsstier, die Skorpionmenschen und die große Flut dürften genug Stoff auch zum psychologischen Nachfragen ergeben. Eine Frage jedoch, die mir als Laien im Laufe der Zeit gekommen ist, dürfte Ihnen schon längst eingefallen sein: Könnte man nicht das gesamte Epos auch auf der Subjektstufe deuten? Wäre dann nicht der Weg des exemplarischen Helden Gilgamesch auch als die Individuation eines herausragenden Menschen zu verstehen? Auch hierzu ließen sich – wiederum nur aus der Kenntnis des Laien – einige Stichworte nennen.

Da ist zuerst der Mauerbau: der junge Mensch beginnt in einer Phase der extremen Selbstunsicherheit. – Dann beansprucht der junge Herrscher alle jungen Frauen seiner Stadt zunächst für sich: er betrachtet sie wie die Hennen eines Hofes als seinen Harem, d.h. er erlebt die Anima zunächst in seiner unreifen Periode rein anonym und kollektiv. – Dann erfolgt der Ratschluss der Götter, die ihm einen Gegenpart erschaffen: das Selbst bahnt die Auseinandersetzung mit dem Schatten als die erste Prüfung des Individuationsweges an. Enkidu, der Naturmensch, ist in seiner Instinkt- und Tiernähe das vollendete Gegenbild des Gilgamesch als eines Kulturheros. Diese Auseinandersetzung gelingt auf glückliche Weise, und, dergestalt um die Kräfte des Instinkts verstärkt, gelingt der gefährliche Waffengang um den Zedernwald und die Tötung des Riesen. – Nun steht die eigentliche und reife Begegnung mit der Anima an, und Ischtar macht dem Helden ein großherziges Angebot. Hier versagt Gilgamesch; ist er zu feige, oder ist er homoerotisch an den Freund Enkidu gebunden? Hängt gar das eine mit dem anderen zusammen? Hierzu vermag ich nichts Entscheidendes beizutragen. Fest steht aber, dass nun mit dem Verlust des Freundes (= der Instinktkräfte) der Niedergang des Helden beginnt. Zuerst ist das noch verborgen, denn alles sieht wie eine erneute heldenhafte

Ausfahrt aus. Aber der Dichter deutet das spätere Scheitern schon darin an, dass der Held in der Steppe umherirrt, d. h. er hat die klare Orientierung verloren. Er kommt schließlich zu einer weiteren Animafigur, der Schenkin Siduri, die ihn wie eine mütterliche Freundin berät. Aber auch ihren, zugegebenermaßen etwas hausbackenen Rat, schlägt er in den Wind. Nun gelingt ihm doch noch, zu seinem Ahn als dem Alten Weisen vorzudringen, wobei er ungeheure Anstrengungen unternimmt und der Todesgefahr trotzt. Nun soll er sich der Probe des Schlafentzugs stellen, die er jedoch verfehlt. Damit ist klar: wenn er schon von dem kleineren Bruder des Todes überwältigt wird, so wird er dem wirklichen Tode nicht entgehen. Er, der den Riesen Chumbaba erschlagen hat, lässt sich von der vergleichsweise winzigen Schlange um das Kraut des Lebens bringen. Mit diesem banalen Missgeschick bricht sein Hochmut endgültig zusammen, und er kann nur noch auf die Dauerhaftigkeit der von ihm aufgeführten Ziegelmauer verweisen. – Sollen wir das Epos als einen psychologisch fundierten Erziehungsroman lesen?